他人が必ず、あなたに従う

黒すぎる心理術

ロミオ・ロドリゲス・Jr.

PHP文庫

○本表紙図柄＝ロゼッタ・ストーン（大英博物館蔵）
○本表紙デザイン＋紋章＝上田晃郷

はじめに

マインドコントロール、洗脳、人心掌握術。どのキーワードを取っても黒いイメージしかなく、きっとあなたも少し距離を置いてしまうのではないでしょうか？

けれども、世の中で起こる犯罪の多くには、このような心理術が実際に使われているのです。監禁や軟禁事件、カルト教団への傾倒、リーダー格の人間による支配で行われる殺人事件の数々、これらのケースをひもとけば、数多くの黒すぎる心理術が使われていることは否定できない事実なのです。

このような事件が後を絶たないのは、ひとえに人々が心理術に対抗できる術を持っていないからだと、私は確信しています。犯人がナイフを持って襲ってくるとき、真っ先に必要なのはナイフに対する防御術であって、警察に連絡をするということではないのです。

2012年に発覚した「尼崎連続変死事件」の犯人に接見した若手弁護士が、長時間密室で話をし、無意識のうちにマインドコントロールされかけたという事例があります。これは、防御術を知らないまま接見に臨んだからです。また、オウム真理教のエリート上層部の人間も、教団のトップであった麻原彰晃によるマインドコントロールのカラクリを最初から理解していれば、あのようなテロを起こすことはなかったのです。

ただ、ここで一つ理解していただきたいのですが、これらの技術は悪用されてはいますが、決して悪い技術ではないということです。ナイフと同じで、果物を剝くときに使うのか、それとも人を殺すときに使うのかは、その人次第であり、全ては使い手の意思に任されているということです。

アメリカでは銃の所持が認められていますが、自衛のために使うのか、それとも人を殺すために使うのかは持っている人の意思なのです。もちろん犯罪に使うと罰せられますが、それでも銃による犯罪がなくならないことを考えると、いかに人間の意思が弱いのかおわかりになると思います。

私の好きな映画に「スター・ウォーズ」があり、本編の中で随所に現れる「フォース」という力があります。平和を守るために使われるフォースもあれば、悪に使うフォースもあります。どちらも力の根源は同じなのですが、結局は使い手の意思に任せられるわけです。

私は人の心を操り、操作をするメンタリストを生業（なりわい）としています。経験上よくわかっていることですが、人は簡単にだまされます。簡単に操作され、簡単に洗脳されてしまいます。信じやすい人はたやすく、懐疑的な人であっても、やり方を変えれば必ずだまされます。そして、絶対に自分はだまされないと思っている人ほど、確実にだまされてしまうのです。

メンタリストはあくまでもパフォーマンスでだますのですが、現実の世界では詐欺師や犯罪者がその技術をいかんなく発揮することでしょう。心を操るのは何も難しいことではないのです。

本書はあえて心理術の黒い部分にフォーカスしました。その強烈なパワーを理解した上で、あなたの生活、そしてビジネスライフに活かしていただきたいのです。

あなた自身が心理術を悪用する人間の餌食(えじき)になって被害に遭わないためにも、この本に書かれている黒い心理術の数々を学んでおいてください。

本書は正しく使えば、相手の心を上手に読み取り、人間関係を円滑にするものです。随所に人間関係の改善、状況の打破、そして相手との関係性を最高のものにしていく技術がちりばめられています。

しかし、注意点があります。井戸を覗き込むと、井戸の下からもあなたが見えるように、このダークサイドを覗き込むと、ダークサイド側にもあなたのことが見えてしまいます。どうかこの闇の世界に引き込まれないように、できれば防御のため、そして大切な人たちのために使ってください。

くれぐれもあなたが闇の住人にならないことを祈っています。

では改めて、「黒すぎる心理術」の世界へ、ようこそ！

ロミオ・ロドリゲス・Jr.

黒すぎる心理術◎目次

2章 誰とでも一瞬で心を通わせる

3章 絶対にNOと言わせない

4章 思い通りに他人をコントロールする

5章 絶体絶命のピンチから脱出する

6章 大嫌いな相手に反撃する

1章

相手の本音を確実に見抜く

01 しぐさから上司や部下の本音を探る

「目は口ほどにものを言う」という言葉があるように、顔の表情やしぐさは本音を表します。人間は表情を自分の意思で作り、相手に自分の本音を気づかせないようにします。しかし、どんなにポーカーフェイスを作っても、実は本音がわかってしまうのです。

２０１０年頃に放送された海外ドラマ「ライ・トゥ・ミー」の主人公のモデルにもなっている精神行動分析学者ポール・エクマンは、「微表情」と呼ばれる一瞬の表情やしぐさから嘘を見破ることで有名です。微表情とは最初の０・２秒以内に表れる表情なので、訓練をしていない者がそれを瞬時に読み解くことは難しいのです。とはいえ、いくつかの表情の意味を知っていれば、自分に対する上司や部下の本音を探ることは可能です。

例えば「話をしながら人差し指で鼻の下を触る」行為。人差し指で鼻の下を触ってみてください。指の腹ではなく、第二関節辺りを鼻の下に当てるポーズです。こうすると、手のひらの部分で口元が隠れてしまいます。実はこれ、**無意識のうちに**

口元を隠し、表情から自分の心理を相手に読み取られまいとする行為です。会話中、このしぐさがあったら要注意です。

次に「頰づえをつく」。このしぐさをする人は頭の回転が速く、だましやハッタリが通用しない人が多い。相手の話の内容に退屈しているときや、遅々とした状況に絶望しているときに多いとか。こういう人には理論立てた話をすることが必要です。

最後に**「必要以上に礼儀正しい」**。**これは相手と深く関わりたくない、または視線を合わせたくないというしぐさ**です。「あの人、本当に礼儀正しいね……」なんて評判の人も、もしかしたらみんなとの接触を絶ちたいだけかもしれません。

これら3つは基本的にあなたに対して否定的なしぐさですので、特に注意してください。

02 特別な相づちで相手を饒舌にせよ

ビジネスをしていると、取引相手をいい気分にさせたほうが商談がうまくいくことがあります。しかし、生理的に嫌いな相手に対して、この作業が地獄を見るような苦しみであるのは間違いないでしょう。普通でも、相手はどんなことが好きなのか、相手にとって何がNGワードなのかを探すのは一苦労です。ましてや嫌いな相手なら、仕事とはいえ、たまったものではありません。

そんなときは相手を気分良くさせて、饒舌（じょうぜつ）にさせた上で、さっさと商談をまとめ上げ、切り上げましょう。そのための方法が**「相づち」**です。しかもただの相づちではありません。**相づちの中に「感情」を込める**のです。感情を込めることで、相手はあなたに心を開き、話さなくてもいいことまで話してくれるようになります。

2007年、マサチューセッツ州立大学ボストン校のエドワード・トロニック博士がこんな実験を行いました。

顧客を対象に、セールスパーソンが3つの異なった対応をするというものです。まず、最初は相づちを打たない、つまり全く反応をしないというもの。次に相づちは打つが、感情を込めないというもの。そして、最後に感情を込めて相づちを打つというものでした。すると、**感情を込めて相づちを打つセールスパーソンが紹介する商品と、そうではない商品とでは、売り上げに実に2倍の差が出た**のです。

人間は相手の反応に対して心を開き、自分自身をオープンに表現します。

これは「反応型自己開示」といい、特に感情が込もっていると、その感情に反応し、自分自身も同じ反応を示さないと相手に悪いと感じる現象です。

この相手が持ってしまう「感情」を、とことん利用しましょう。

やり方は簡単、**相手の会話に対して相づちを打つ際、その会話に感情を少し大げさに込めてください**。例えば「あの仕事は大変だったのだ」と言われれば、あなたは少し大げさに相づちを打ちながら「えっ、そんな大変なことがあったのですね」などと返事をしておけばいいのです。

このテクニックで相手は「この人は自分のことをよく理解している」と思い込み、言わなくてもいいことまであなたに話し始めるでしょう。

これはビジネスだけではなく、異性を口説き落とすときにも非常に有効な技術なので、覚えておくといいでしょう。

03 気づかれないうちに部下を従わせる洗脳術

最近ではすっかり世情が変わり、昔よくいわれた会社の上司の威厳というものがなくなりつつあるようです。

上司が下手に怒ってしまうと、新しい部下はすぐ「パワハラ」として意識し、最悪の場合、会社を辞めてしまうという事態になりかねません。

そのせいか、今はどの会社でも新人の社員に気をつかい、とにかく腫物(はれもの)にでも触るかのような感覚で接しています。これは本来おかしいことであり、このことを逆手に取る、とんでもないしたたかな人間も存在します。

「一体どうやって部下と接すればいいのだろうか……」と悩む中間管理職が多いのもうなずけます。

そこでまず覚えていただきたいのは、**上司である立場の人間の姿勢**です。姿勢というのはそのままの意味で、立ち居振る舞い、話し方や身のこなし方に自信があふれているかどうか、そして怖さがにじみ出ているかどうかが重要です。

人間は恐怖を感じない相手、そして自信がない人の命令には全く耳を傾けないという習性があります。考えてみればわかることですが、街をヤクザ風な人が歩いていれば、たとえあなたとは関係がなくても、なるべく目を合わせないようにするのではないでしょうか？　恐怖とは相手を従わせ、萎縮させるにはもってこいの方法なのです。

しかし、ビジネスの場でまさかヤクザばりに脅すようなことはできませんから、ここで誰でも相手を従わせることのできる方法をお伝えします。

やり方は簡単。まずは**誰でもできるような仕事を依頼**します。

その仕事は、相手が「こんなこと自分でできるでしょう」と感じてしまうような簡単なことです。

それを**習慣化**させます。**毎日のように、それこそ何回も何回も繰り返す**のです。そのうち相手は命令に従うのが当然と思うようになり、習慣化さえしてしまえば、あなたの依頼にはほぼ全て従うようになります。

カルト教団の教祖が信者に殺人を命令し、信者は疑いもせずその命令に従うのも、この心理的原理に基づくものなのです。

04 初対面の情報操作術

初対面での印象の良し悪しは、会った瞬間からの「15秒」で決まるといわれています。

確かに会った瞬間の印象は大事ですが、その後の展開により変化してくるのは、よくあることです。一見優しそうな相手に、実はすごく人を見下す傾向があるとわかったり、かっこいいと思っていた人が実はそんなにかっこよくなかったりと、最初に抱いたイメージが変わることはよくあります。

これは「減点法」といい、最初から満足した状態、理想を最大値に設定したために起こる現象です。一目見てほれ込んだ相手とは、別れる確率が非常に高いのもうなずけます。

しかし、「加点法」に転じると事態は変わってきます。

一見怖そうな人が、実は非常に優しかったと感じるのは加点法です。

まずは怖いというイメージが先にあり、接してみるとすごく優しい、これが加点法です。

そして、ここで身に付けてほしいのは、まずは自分に関する印象のいい話を外部の誰かに吹き込んでおき、その噂が相手に届くようにするテクニックです。

相手がいい情報を持ってあなたに接したとき、あなたは自分の第一印象をわざと少し悪くします。

例えば、**優しいという印象を吹き込んでいたのにもかかわらず、実際に会ったときは少し怖そうな印象を植え付ける**のです。

これで相手は「一体どっちが本当なんだろうか？」と混乱し始めます。**相手が混乱していると判断したら、そこですかさず優しさを見せるか、笑顔を振りまきます**。そうすると相手は安心し、「やっぱり優しい人なんだ」と感じてくれるようになります。

そうなればしめたもの。もう相手の中には、「やはり優しい人」というあなたの印象が植え付けられたことになります。

これは相手の感情を操作して、あなたの印象を良くする方法で、高等な心理技術ですが、慣れてくると自然とできるようになります。

幅広い使い方ができますので、ぜひ身に付けてみてください。

05 嘘をつきたいなら、本当のことを言え

「嘘をつくのはあまりいいことではない」なんて理想論を話している人がいると、人間は10分間に3回も嘘をつく生き物なのだと教えたくなってきます。

世の中には相手のためにつく嘘もあれば、相手をだます嘘もあります。そして、嘘を警戒している人間がコロッとだまされる嘘というのも存在するのです。

その方法は実に簡単。

例えば、あなたが男性で浮気をしているとします。浮気相手とデートしているときに妻から電話がかかってきました。「どこにいるの?」と聞かれたら、きっと多くの方が「あぁ……いま仕事仲間と飲んでいるよ……」と答えてしまうでしょう。

これでは妻は「間」があいてしまう話し方に、ピンときて疑ってしまいます。その後、家に戻ったときが大変で、あなたの財布や携帯、もしかすると服に香水の匂いが付いているかどうかまで、確かめられるかもしれません。

しかし、嘘がうまい人は「あぁ、いま女の子とデート中。こう見えてもモテモテ

だから」なんて答えてしまいます。すると妻は、「はいはい！　また仕事の人たちと飲んでるの？」なんて返してきます。

これは、**自分の不利になるようなことをわざと口にすることで、相手に「まさか自分に不利になるようなことを言うはずがない」と思い込ませる方法**です。

人間は嘘を警戒しますが、警戒するプロセスが決まっており、そのパターンは一定です。

私たちの既成概念では、「嘘をつく人は、必ず自分の嘘を必死に隠すだろう」という考えがあります。だからこそ、ここではその考えを逆に利用するのです。

ただ、正々堂々と自信を持って話さないと、それはそれで疑われてしまうので、十分に気を付けてください。

06 何も言わない部下はこの方法で心の内を探れ

会社で立場が上になると、何かと人間関係に悩まされるものです。中間管理職ともなれば、上司と部下との間でストレスを抱える方も多いのではないでしょうか？上司ならいざ知らず、自分の部下ともなれば、うまく動かして、しっかりと働いてもらわなければなりません。何が一番大変かといえば、やはり部下の心を理解できないことです。何もアクションを起こさずとも、部下自身がこちらに心の内を打ち明けてくれるのが一番いいのですが、なかなかそうもいかないようです。

そういうときは、ぜひ「自己開示」のテクニックを使ってみましょう。

人間は自分自身をさらけ出すことが非常に苦手な生き物ですが、相手が先に開示してくれると、自分自身をさらけ出すようになります。

この習性をうまく使うのが、自己開示のテクニックです。

しかし、開示する場所には注意をしなければなりません。常に気を張り、表面的な顔しか見せられない職場などでは有効ではありませんので気を付けてください。

では、どこで自己開示をすべきか？　それは**食事や酒を交わす場所**です。

こういった場所では、非常に自己開示しやすくなります。

そして、あなたがすべきことは、**どんどん自分の過去の失敗談を話す**ことです。

自己開示をすることにより、相互開示を促すのです。

アメリカのボストン空港で以前、心理学者ルービンによる自己開示に関する実験が行われました。ロビーの待合室に座っているお客様に自己紹介文を書いてもらうのですが、例文に「私は心理学の研究をしています」と書かれた用紙と、「私は、実はセクシャルな悩みを持っています」と書かれた用紙をそれぞれ50枚ずつ配ったのです。すると、例文に「セクシャルな悩みを持っています」と書かれていた用紙に記入したお客様の自己紹介文からは、どれもよりプライベートな回答を得ることができました。

このように、**よりプライベートに突っ込んだ話を先に提示されると、人はそれにつられ、自分もよりプライベートな話をするようになります**。

部下に限らず使えるテクニックなので、あなたと相手のコミュニケーションが一段と深いものとなることでしょう。

07 プレゼンでは、相手の微表情を見抜け

A「今日のプレゼン、良かったな。あれはビジネスになるよ」

B「なんかあのプレゼン、長くてよくわからなかったな……」

実はこれ、同じ内容のプレゼンを違う人が行ったときの受講者の感想です。同じ内容のものなのに、この感想の差は一体どこからくるのでしょうか？

Aには私が話し、Bにはある大学生に話してもらいました。プレゼンをすることに慣れているかどうかで、このような結果になるのではと考えるかもしれませんが、実は**相手の「微表情」を見抜いているかどうかだけの差**なのです。

前に述べたように、**微表情とは0・2秒間に表れる真実の顔の表情**。

人間はみんな、必ず表向きの顔を作ります。別に面白くもないのにつくり笑いをしたり、本当は怒っているのに平気な顔をしたりします。しかし、顔の表情を作るのには1秒はかかるといわれ、最初の0・2秒は必ず本物の表情が表れます。

プレゼンをするときに、なぜこの微表情が必要なのか。それは**誰が一番、このプ**

レゼンに興味を持っているのか、逆に誰が興味を持っていないのかを見つけること**ができる**からです。

あなたがプレゼンをするとき、この人はすごく興味がありそうだとわかればその人に集中して話すこともできますし、逆に興味がなさそうなら、その人に向けてもっとわかりやすいたとえ話を持ち出すことも可能です。

微表情は大まかに分けて7つ。悲しみ、喜び、驚き、恐怖、嫌悪、怒り、軽蔑です。この表情を0・2秒の間で見抜くことが大事です。

プレゼンでは、あなたの伝えたいメッセージを話した瞬間がとても大事です。このときに相手の表情をよく見てください。少し見抜く訓練が必要ではありますが、特に女性はこれを無意識にしている場合が多々あります。

それは、女性だけが子供を産むことができるからです。生まれたばかりの子供は言葉を使えないため、女性は表情から子供の感情を読み取る遺伝子を持っているのです。

08 すぐに引き下がるべき顧客の表情

営業の仕事をしていたり、交渉事をしていたりする方はきっと、相手の顔色を見ているのではないかと思います。

「なんだか、今日は機嫌が良さそうだな。このままクロージングまでもっていくか……」

「明らかに怒っているよね……今日は切り上げたほうが良さそうだ……」

「どうする……このまま進めるか……それともいったん引くべきか……」

日々、人の顔色を窺(うかが)うのはとてもストレスがたまるものです。

人の顔色といっても千差万別。当人は別に怒ってもいないのに、営業する側のマインドが弱ければ、「あ～、この人、絶対怒っている……」という考えを持ってしまいます。逆にマインドが強くて、ごり押しなどをすれば、相手が引いてしまい、もう二度と会ってくれないという状況にもなりかねません。

相手の顔色、つまり顔の表情をいかに理解するか、これが非常に重要になってきます。

ここで、**絶対に引き下がるべき表情**が存在します。

この表情だけに注意すれば、あとは多少の注意をすれば大丈夫です。

さて、どんな表情が出たら、あなたは引き下がって、譲歩すべきなのでしょうか？

きっとあなたは怒りの表情だと考えていると思いますが、実は違います。

気を付けなければならない表情は「苦笑い」です。

苦笑いの表情は笑いの表情と似ているようで、一つだけ違いがあります。

それが「目」です。苦笑いの場合は目が笑っていません。偽りの笑いだということです。

苦笑いは相手に話をしてほしくないときにする、強がっている態度の裏返しです。あなたが顧客と話しているときにこの表情を見つけたら、さっと会話を切り上げるか、交渉事であれば、とりあえずいったん引き下がることをお勧めします。

09 クレームが出たら「クローズテクニック」を使え

常習的なクレーマーはさておき、普通のクレームであれば、顧客との絆を深めるチャンスです。そもそも、相手が怒っている理由を理解しなければなりません。

私たちには「コントロール感」というものがあります。行動することによって、望み通りの状況を作り出せる感覚のことです。心理学では、「物事をコントロールしているのは、自分の行動や能力などである」と考える傾向が強い人を**「内的コントロール型」**といい、逆に、「物事をコントロールしているのは、運など自分以外のものである」と考える傾向が強い人を**「外的コントロール型」**といいます。

内的コントロール型の人は、日頃からコントロール感があるため、多少その感覚を失っても、それを取り戻そうと「怒る」必要はありません。しかし、外的コントロール型の人は、日常的にコントロール感が得られないため、自分に少ししかないコントロール感が奪われると、それを取り戻そうと「怒る」のです。

そこで「クローズテクニック」を使うことをお勧めします。

相手の要求は自分のコントロール感を取り戻すことなので、あなたが話を挟むと相手はコントロール感を取り戻せなくなり、さらに「怒る」という状況になります。ですから、**相手の要求をとにかく黙って聞いてあげること**で、コントロール感を取り戻してもらうことが重要です。これにより、相手の小さな要求に応えることになります。「こちらはあなたのコントロール感を取り戻すお手伝いをしている」ということです。

人は自分の要求に応えてもらえると怒りが収まり、徐々に平常心を取り戻します。相手が興奮している状態で謝っても火に油を注ぐような結果になりますから、この時が謝罪の最も良いタイミングです。ここで謝罪が認められることがほとんどなので、今度はこちらから要求をしましょう。要求といっても何かを求めることではなく、「プレゼント」をすることです。一見、プレゼントは「要求」とはかけ離れたものに思えますが、ここでプレゼントをし、相手が受け取ることで、もうこれ以上そちらの言い分は通りません、という要求を突き付けているのです。さらに、相手は自分のコントロール感を取り戻す手伝いをしてくれたと無意識に考えるので、以前よりあなたやあなたの会社に対しての印象が向上します。

10 取引先との信頼関係の深さを確認する

営業をしていると、取引先と仲良くなり、ゴルフや飲み会にも同席し、やっと信頼が築けたと思っていたのに、いきなり「申し訳ないけど、他のところと取引させてもらうよ」などと言われることがあります。「信頼が築けていたはずなのに……」と、どこがいけなかったのかと考えても、時すでに遅し、家族を犠牲にして、休日返上で頑張ったのがバカらしくなります。こういった場合、**信頼が築けたと思っていたのは自分だけで、相手はそうではなかった**という簡単なロジックです。しかし、相手先にいちいち「私のこと、信頼していますか？」などと言えるわけもなく、一体どうすればいいのだろうと悩む方も多いのではないでしょうか？

そういうときは、「ノンバーバル・ミラーリング」という方法で、本当に信頼を勝ち得ているかどうか確認してみましょう。ノンバーバルとは「非言語」を意味し、ミラーリングとは「鏡」を意味します。ミラーリングにも種類がありますが、ここでは相手の行動に対してミラーリングをしていきます。

例えば、恋人とデートをしていて、カフェやバーなどで話しているとしましょう。そこであなたが飲み物を口に持っていったとき、恋人も同時にコップを持ち、口に運んだ、という経験はないでしょうか？

きっと、ほとんどの人にこういった経験があるはずです。これは特に恋人同士の間に見られる行為で、お互いの信頼が高まっているときに起こりやすい現象です。

そして恋人だけでなく、信頼関係が構築された人間同士であれば必ずといっていいほど起こることです。つまり、**相手と食事をする場面で、あなたがコップを持つタイミングや、食べ物を口に運ぶタイミングに、相手が無意識に合わせているかどうか**を見れば、相手があなたに対して信頼を寄せているかどうかがわかります。

タイミングは3秒以内。つまり、あなたがコップを持って口に運んだ後、3秒以内に相手もコップを持って口に運び、それが2～3回も続く場合、高確率で相手はあなたを信頼しているといえます。3秒を過ぎてのアクションは、無意識での行動ではありません。なぜなら、3秒過ぎると意識の世界になるため、参考にはならないのです。相手も何かしら意識的にしている可能性がありますので、くれぐれもご注意を。

11 「体の動き」で相手の思考を読み取れ

カウンター越しで接客する人ならよく知る事実をお伝えしたいと思います。人があなたの商品やあなたが勧めるものに興味を持っているかどうか、その体の動きを見れば、簡単にわかる法則が存在するのです。

太古の昔から人間は獲物を得るために狩りを行い、その生活を保ってきました。その遺伝子は確実に現代の私たちにも引き継がれているのです。では、どこに引き継がれてきているのでしょうか?

それは体、正確には**体の動き**です。それはもう正確に引き継がれています。試しに少し思い出していただきたいのですが、あなたは緊張したとき、手が冷たくなりますよね。なぜだかわかりますか? 実はこのとき、あなたの血液は一気に足に集まっているのです。

なぜ、足なのか? 人間は本能的に恐怖を感じたとき、その場からいち早く逃げ出さなければならないと思うからです。太古の民が狩猟をしたとき、獲物から反撃されることも多々あったことでしょう。その恐怖を感じたとき、すぐに逃げ出せるようにできているのです。

このように、あなたの商品に対して興味を持っていない人には、太古の昔から引き継がれた本能が表れる、確実に見分けられる体の動きが存在します。

一番確実な部分は足の向きです。足があなたに対して真っすぐに向いているのであれば脈はありますが、向きが外、つまりあなたに対して向いていないのであれば、あなたがいくら話したところで、無駄に終わることが多いのです。**足が外、これは早くあなたから逃げたいという動きであり、あなたの商品に興味がないという信号**です。

もう一つ見てほしい部分は**体の距離**、つまりパーソナルゾーンです。

あなたが**話しているときの相手との距離が、時間が経つにつれ、徐々に離れているのであれば、それ以上は話さないほうがいい**でしょう、時間の無駄です。逆に距離が変わらない、もしくは近くなった場合はどんどん売り込んでいきましょう。これは心理学用語で「ノンバーバル（非言語）・コミュニケーション」とも呼ばれ、できるセールスパーソンが無意識に感づいているものの正体です。

12 相手の性格を瞬時に読み取り、信頼を得る

顧客が100人いれば、100通りの性格があります。本当は相手の性格を一から分析し、それに合わせて対処方法を変えるべきなのですが、そんなに悠長なことも言っていられないのが現実です。

「コールドリーディング」という言葉を聞いたことはあるでしょうか？ 偽占い師や偽霊能力者がよく使う話術で、何の前準備や下調べもせずに、あたかも相手のことを言い当てたように見せるテクニックのことです。

そして、その逆が「ホットリーディング」です。下調べ、調査をし、その情報を元に、相手のことを知っているかのように言い当てていくものです。もちろん相手は下調べをされていることを知らないので、「この人、私のことがなんでもわかる」と信頼してくれるようになります。このホットリーディングを使えば、顧客をいちいち細かく分析しなくても、相手はあなたを信頼してくれることでしょう。

ホットリーディングには多様な方法がありますので、最も簡単な方法をお伝えし

ます。

まず、あなたが顧客と話しているとき、**その顧客の身に着けているものをよく観察してください**。服装、ヘアースタイル、時計、アクセサリー、靴、カバンなど、これらは必ずその顧客のライフスタイルを表しています。

地味な服装ならシンプル好きか、倹約家。派手な服装なら目立つことが好きで、自己主張が強く浪費家。服は地味なのに、持ち物だけがブランドで固められている場合は、こだわり派だが無頓着など、多くの情報を得ることができます。このように**服装や持ち物である程度相手の性格がわかってくる**ので、それに合わせてセールストークを作り替えれば、一気に信用されるようになります。

13 相手の性格が丸わかり! 5つの心のバランス

「メンタルマイニング」とは、心を掘り下げる手法です。根幹となるのは、5つの心のバランスをグラフに表した「エゴグラム」を話法に置き換えたものであり、この手法を学ぶには長期間を必要とします。

ここでは、概略的な部分を取り上げ、簡単なメンタルマイニングのテクニックを学んでいただきましょう。

メンタルマイニングでは基本的に5つの心の状態を取り上げ、相手の性格を見抜いていきます。まず「父親の役割」の厳しさを示す心。「母親的な態度」の優しさを示す心。次に「大人の態度」の理性を示す心。そして「自由な子の心」の自由奔放さを示す心。最後に「いい子の心」の協調性を示す心です。

相手の会話の中で、「……ねばならない」「……すべきだ」など厳しさを感じる言葉が多い場合、「父親の役割」の値が高く、逆に、「あなたはあなたのままでいいのよ」「大丈夫、きっとできるよ」など優しさを感じる言葉が多い場合は、「母親的な

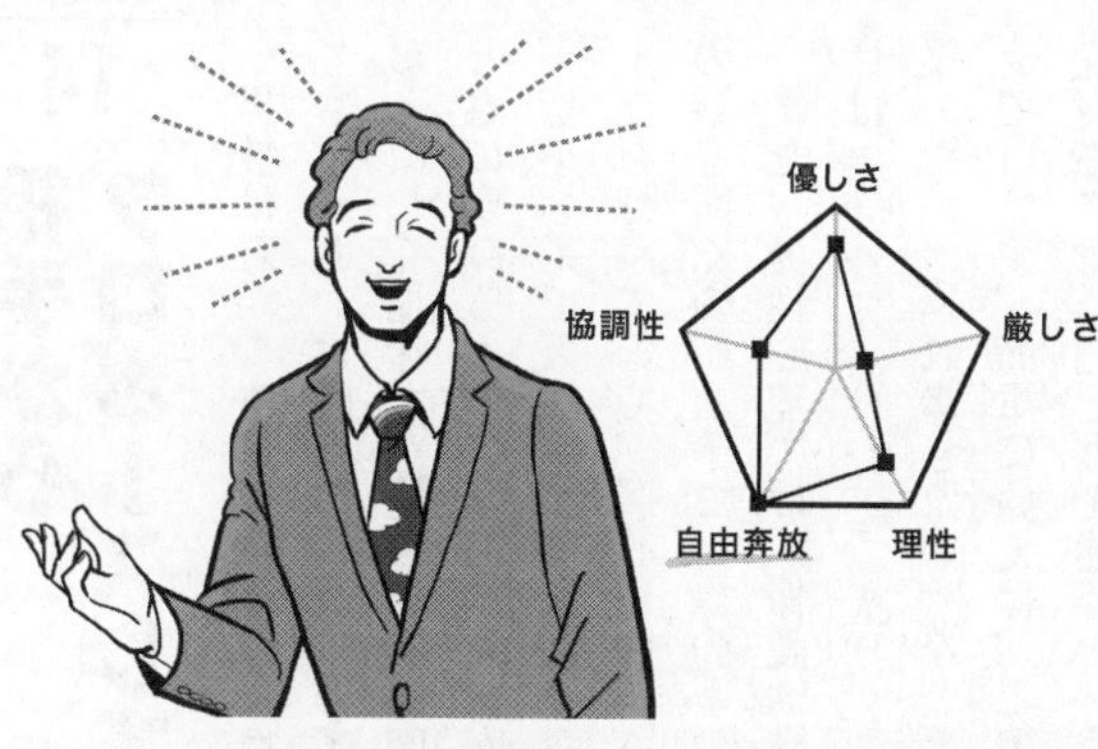

態度」の値が高いということです。これら5つの心の状態を会話の中で見つけ出し、その値の一番高いものがその人の表面上の性格になります。

もう一つ見つけなくてはならないのは、その人の低い値です。低い値にある性格は得てしてその人の裏の性格で、本人しか知らない性格ともいえます。

高い値と低い値を算出し、会話の中でその値に当てはまる性格を踏まえて会話をすることで、相手は「この人は私のことをよく理解している」と肌で感じ、あなたに対する信頼度が増していきます。

14 相手からプロポーズしてもらう方法

男性は若いころは、派手でキラキラしている女性や、ワガママで自分勝手な女性でも、かわいげがあれば我慢して付き合いますが、結婚を意識し始めると、奥手でおとなしく地味な女性を選ぶ傾向があります。もっとも結婚観や恋愛観は、時代とともに変わるものではありますが……。

癒やし系で天然ボケっぽいフワフワした雰囲気の女性は安らげるし、母性的なオーラを持っていて、居心地の良さを感じるようになります。このような女性は男性の話を聞くのが上手で、縁の下の力持ち的なサポート能力を持っています。

また、男性心理には「保護欲求」と「支配欲求」の本能があることは有名で、男性は「守ってあげたい、大切にしたい、大事にしたい」という気持ちや、「俺色に染めたい、連れ歩きたい」などという相手をコントロールして征服したい欲求を持っています。簡単にいえば、**この2つの条件を満たす女性になれれば、相手に結婚を意識させることができる**ということです。これにはちょっとドジで危なっかしい感じがあったり、背が低く華奢(きゃしゃ)な体型をしているなどの外見的要素も含まれています。

本音の悩み事やコンプレックスを相談してくれる、悲しいときや泣きたいときなどに彼氏を頼って甘えてくる、なども高ポイントでしょう。高身長でモデル体型の美人、自立していて何でも自分でテキパキこなすキャリアウーマンに意外と独身が多いのは、高嶺(たかね)の花だと思われて声をかけたりアプローチを仕掛けたりしづらいのと同時に、**男性の保護欲求、支配欲求を刺激しないから**なのです。

こうしたことがわかれば、何をすれば相手が結婚を意識し始めるかがわかってくると思います。

サブリミナルとは、相手の気がつかないうちに自分のメッセージを相手の意識に植え込むテクニックのことですが、あなたがもし男性の「保護欲求」と「支配欲求」を刺激していないのなら、よく考えないと、いつまでもプロポーズはしてもらえません。どうしても譲れないプライドをお持ちなら仕方がないのですが、結婚を、そしてプロポーズをしてほしいのなら、男性の「保護欲求」と「支配欲求」を刺激するように自分自身を変えてください。

15 相手の本心を知りたければここを見ろ

人間の知性がいくら高いといっても、やはり動物であることに変わりはありません。決まった心理状況においては、ほぼ決まった反応を起こします。あの動作は自分の犬は、安心して主人に服従しているとき、必ず腹を見せます。あの動作は自分の弱点である腹を見せて、「自分はあなたに全てを見せていますよ」、という意思表示なのです。

面白いことに、人間もこのような動作を行います。

人間にとって弱点の一つに喉があり、この部分を失うと、人間は話すことができません。そして、ここが最もその人の本心が現れる部分の一つでもあるのです。

喧嘩など、相手と衝突する前、よくアゴを上げて牽制する場面がありますが、あれは**喉を見せることで、自分は弱点をさらけ出せる人間であり、お前など相手にもならないという心理**が働いているのです。

もし、あなたが対面で会話をしているとき、相手が仰け反り、アゴを上げて会話をしている場合、その相手は間違いなくあなたより立場が上だと考えているのです。

逆に**喉を隠すようにアゴを引いている場合、自分の弱点を見せるのが嫌だということ**です。

思い出していただければわかりますが、立場が上の人がアゴを引いてあなたの話を聞くことはないはずです。椅子に深く座り、アゴを上げ、仰け反ってあなたと話しているはずです。

このように相手が喉を隠すかどうかで、あなたをどのように見ているのかがわかるのです。

これは異性間でも同じことが言えるので、今後は観察してみてください。

2章

誰とでも一瞬で心を通わせる

16 職場の人間関係を円滑にする

職場は人間関係の渦といっていいほど、「好き」か「嫌い」か、「気に入る」か「気に入らない」か、といった感情が生じるものです。毎日顔を合わせる場所で一度そういった感情を持ってしまうと、大きなストレスを抱えるようになるものです。

上司から嫌われている、同僚から距離を置かれている、部下から疎(うと)んじられている……そんな負の感情のスパイラルにハマると仕事自体が面白くないですし、もうその職場から離れたくて仕方がなくなってきます。

そんなあなたには「ホーソン効果」がお勧めです。

ホーソンという名前は、アメリカのシカゴ郊外にあるウェスタン・エレクトリック社のホーソン工場で行われた実験から付けられたもので、従業員を褒めることにより、その生産性が向上するかどうかを研究したものです。どこにでも特別扱いをされると調子に乗る人間はいるものです。

特別扱いをされると自己顕示欲が満たされることは、あなたにも経験があるはず。

特に、調子に乗りやすい人は、普段から他人に認められていないと感じていることが多く、特別扱いされるだけで気分が非常に上がります。能力が一般以下の人でも、うまくおだてれば、能力以上の力を発揮することも多々あります。

もし、あなたが職場の人間関係でうまくいっていないと感じるなら、このホーソン効果を試してみてください。やり方は簡単、**とにかく職場で会う人のちょっとしたことを、少し大げさに褒めてください**。ここで少し〝大げさに〟といったのには理由があります。あまり大げさにするとしらじらしくなり、人によってはバカにしているのかと勘ぐる人も出てきますので、本当に感心したように褒めてください。

あなたが褒める人間になると、あなたに会う人は少しずつあなたと接するのが楽しみになってきます。なぜなら、自分の自己顕示欲が満たされるからです。あなたと話すだけで楽しくなり、あなたから嫌われたくないと思うようになります。

実はこれ、ヤクザの世界でも、組長が手下を手なずけるために必ず使う手法です。ただし、このやり方は相手が職場になじむ前、つまりニューフェイスの場合には通用しますが、自分がすでに嫌われている場合は、まずはなぜ嫌われているのかを自己分析して、その根本を改善するのが先です。

17 相手との関係を一気に急接近させる

アメリカのスワースモア大学心理学教授で心理学者のケネス・J・ガーゲンが行ったもので、個室に男女数名ずつ入ってもらい、明るい部屋と暗い部屋での行動を観察する実験がありました。

明るい部屋に入ったグループはそれぞれ距離をとっていましたが、暗い部屋の場合、最初は同じ行動をとったものの、会話がなくなるとそのうち席替えをしだし、異性同士で体をくっつけたり、体に触れたり、話も個人的なものになったりと、親密感が急激に強くなったのです。

そして、このスピードが最も速かった男女の環境を分析してみると、実は「暗闇」が原因だったのです。暗闇があることで恐怖を覚え、その恐怖を和らげるために身を寄せ合い、その恐怖を取り払うために違う感情を持つようになったそうです。

つまり、暗闇という共通の恐怖を感じる存在があったのです。

もし、あなたが**異性と急速に関係を持ちたければ、こうした共通の「敵」を作ることをお勧め**します。「アワーエネミー」とは「我々の敵」という意味で、2人の共通の敵を持つことで、お互いの心に絆ができるという心理効果があります。

実験では暗闇が共通の敵でしたが、これはいろいろなものに置き換えることができます。

例えば、あなたのお気に入りの女性に、気にくわない上司が存在したとします。あなたは自分もその上司がどれくらい嫌いなのかをしっかりとその女性に話し、共感するのです。

すると、その女性にはあなたと共通の意識が生まれ、他の人に対してとは違う感情が芽生えてきます。この段階になると、普通に食事に誘っても簡単にＯＫするので、あとはその回数を重ね、機会を見て告白するなりすればいいのです。

ただし、結ばれた後は、きっぱりとその上司の話をやめるようにしてください。目的を果たした後もずっと上司のことを話すと、相手の女性はあなたのことを「器の小さい人」「しつこい人」と見なすようになります。女心と秋の空。同じ手口は長続きしませんので、お気を付けください。

18 努力せずにデキる人間に見せる

人間というのは弱いもので、一部の例外はありますが、裸になると最も自信を失います。1984年に社会心理学者のL・L・デービスが行った実験では、警察や裁判官など、服装自体が権威を表すものを着ている人ほど、裸になったときの自信喪失が激しいことが実際に証明されています。

これは「身体像境界」といい、**服装が精神的な鎧**(よろい)**の代わりになっている**ことを意味します。単純な色分けをした服装でも、当人がその権威付けした意味さえ理解していれば、同じ効果を発揮します。

あの世間を騒がせたオウム真理教でも、下っ端は白、位が高くなるにつれ着ている服に色が付くというスタイルでした。入信者は自然と上の位の色を身にまといたいと思うようになり、多額のお布施をするようになるのです。

しかし、よく考えてください。服は服、ただ色が違うだけで、人間が自ら位を定めるのです。これは昔から権威主義者が定めてきたルールであり、この習性をよく知っているが故にうまく利用されてきたのです。もし、あなたができる人間であることを見せたいのであれば、この身体像境界をうまく使うことです。

よくスーツを新調したり、きれいな身なりをしたりするようにイメージコンサルタントは助言しますが、もう一歩進んで、こんな戦略を使ってみてください。

それは、**あなたができる人間として見られたい相手と裸に近くなるような状況を作る**ことです。例えば、温泉や大衆浴場などです。異性であれば、プールなどです。こういったシチュエーションになったら、あなたが**いつも人と話すときの2倍の音量で話をする**ようにしてください。

お互いに服を着ていない、精神的な鎧がない状態で、自信たっぷりの大きな声で相手から話しかけられると、人間は無意識に負け意識が働きます。こうした無意識のプレッシャーをかけられた人間の中では、「相手が上、自分が下」という図式が出来上がり、今までと同じようにあなたに接することができなくなります。ここでは声の大きさを挙げましたが、例えば、格闘家のような筋肉でも同様な効果があるので、男性なら常に体を鍛えておくことをお勧めします。

19 好きな人が自分に気があるかどうかを見抜く

気になる人や意中の人が、果たして自分に気があるかどうかは、万人が知りたいところですよね。確かめたいけれど、直接聞く勇気もないし、かといってそれ以外の方法は見つからないし、と悩んでいるなら、ぜひ「カクテルパーティー効果」を試してみてください。

人間には一種のフィルター機能があり、関心のある情報以外を無意識にシャットダウンしています。

あなたがすることは簡単。気になる人や意中の人をざわざわした人混みの中に連れていってください。何かのパーティー会場でもいいし、電車が行き交う駅のホームでもいいでしょう。あなたがすることは、そこで普通に話しかけるだけです。

もし相手があなたに対して関心があれば、あなたの話す言葉はハッキリ聞こえるし、もしあなたに関心がなければ何度も聞き直すという行動に出ます。

試しに電車が通過する一番うるさい瞬間に相手の名前を呼んでください。どんなにうるさくても相手があなたに気がある場合は必ず振り返ります。正面で呼ぶと動作でわかるので、こちらに注意を向けていないときに呼んでください。

ただし、このカクテルパーティー効果は、一部の犯罪者が性犯罪で使用するテクニックでもあります。

ここでは犯罪者が何らかの方法であなたの名前を知っていると仮定しますが、もしここで、音に注意を向けたりするのであれば手出しはしないのですが、反応が鈍そうな場合や、ほとんど反応がない場合は、一緒に電車に乗り、痴漢行為を働いたりします。

これは相手のフィルター機能を逆に利用するもので、外の反応に鈍い場合、フィルター機能も内側に向けていることが多く、たとえ痴漢をされても、声を上げることができないことに起因します。

このように罪を犯す人間は巧みに心理術を使うので、十分に気を付けてください。このカクテルパーティー効果の方法を使えば、相手との関係で、一気に押せばいいのか、少しずつ攻めたほうがいいのかもわかるはずです。

この方法で相手を誘うタイミングもおのずとわかってきますね。

20 外見だけで相手を洗脳する

ビジネススーツをビシッと着こなしている人は、仕事ができそうに見えることがあります。

しかし、例えば多少汚い格好をしていても、肩書きが経営者や官僚であったりすると、人は外見から受けるイメージを覆します。

「メラビアンの法則」という心理学の法則があります。この法則の由来となっている、アルバート・メラビアンがアメリカのカンザス州にある大学で行った実験があります。成績優秀だが服装がだらしない学生と、成績は悪いが服装がビシッと決まっている学生に、企業へのプレゼンをさせました。

すると、同じプレゼンをしたのにもかかわらず、成績の悪いほうの学生のプレゼンが採用されました。しかし、次にどちらの成績が優秀なのかを企業側に伝えると、成績優秀な学生のプレゼンが採用されたのです。

これを「ハロー効果」ともいい、ある対象を評価する際、**目立った特徴に引きずられ、他の特徴についての評価が変わることや、見た目や地位や肩書きなどにより、**

実際以上にその人に対する評価が高くなることは、この現実社会の様々な場面で見られます。

ただ、肩書きはその人によって印象や対応が違うため、あまり肩書きに頼らないほうがいいのです。例えば、平社員に対して経営者という肩書きは効果がありますが、同じ経営者であればその効果は薄れます。

しかし、服装に関してはその効果は万人受けします。

どんなに成績が悪い人でも、上質なスーツ、ビシッと決まった髪型、磨き上げた靴、きれいな爪など、とにかく好感度ナンバーワンを目指せば、どんな人にも好印象を与え、仕事ができる人に見られるようになります。

特に多くの人が気を付けない場所や体の部位を徹底的にきれいにすることで、さらに印象は良くなります。

人間は無意識にわかっているのです。神は細部に宿るということを。

ただし、これはあくまでも第一印象に関することであり、本当に仕事ができなければ、「なんだ見かけ倒しかよ!」と思われるだけでなく、さらに印象が低下してしまいますので十分に気を付けてください。

21 依存心が強い人を手なずける

どこの世界でも依存心の強い人はいるものです。職場なら「この問題はどうすればいいでしょうか」と質問を続ける全く成長しない部下や、「これとこれをやっておけ」と、自分は全く動かずに楽をしようとして部下に依存する上司など。プライベートなら、「あなたがいないと生きていけない」などと語り、常に相手に守ってもらうべき存在であるとアピールし、愛情と保護を求めようと、相手の迷惑を顧みず過度な依存状態になる異性。これらの人たちに共通するのは、重い軽いの差はありますが、依存性人格障害、つまり「心の病」です。この病は他人から常に世話をされることを求め、行動の保証を得ようとする依存的な性格構造です。常に相手からの承認を求めるなど、自分自身の人生に対する主体的責任から逃れようとするのが特徴です。

日本で潜在的にこの病を抱えている人は約300万人といわれ、意外と身近に存在するのです。この病を患っているかどうかは通常では判断が難しく、付き合いが深くなるにつれ、その正体が徐々に現れるという特徴があります。もし運悪くこのような人たちと接点を持ったら、かなりのストレスを抱えることになります。これが異性関係だと、それこそ仕事にまで支障をきたすようになるのは時間の問題です。「あっ、この人はかなりの依存症だな」と感じたら、次の方法でやり過ごしてください。それは**相手が何かをするたびに、とにかく褒めてあげる**ことです。

依存症の部下の行った、誰でも簡単にできる仕事、例えばコピーをとることであっても、それを褒めるのです。「気が利くね」や「仕事が早いね」などと……。

このように褒められると依存症の人の自尊心が高まり、自分に自信を持つことができるようになります。あとは根気よく褒めることを続けるだけです。

さて、ここからが黒い心理術。プライベートで依存心が比較的強い人との関係を断ちたい場合、実は有効な技術があります。それは**褒めた後にけなす**ことです。例えば、前述の「気が利くね」のセリフの後に、「でも、もっと気をつかわないと逆に迷惑だよ」などと言ってみてください。相手はさらに自信をなくし、それが長く続くと、もうあなたと一緒にいたくないと考え、勝手に離れていきます。ただし、ほどほどに。なお、相手が依存心の比較的強い人というレベルを超えて、明らかに依存性人格障害だとわかっている場合は、この方法は使わないでください。

22 矛盾を作り、相手の罪悪感を利用する

人間心理として、一度承諾してしまうと、次の頼みごとを断りにくくなります。最初の時点で否定する機会もあったのに、そうしなかったことで、次の要求を断りにくくなるのです。

これはセールスパーソンもよく使う「フット・イン・ザ・ドア法」で、すでに多くの人が知っているテクニックだと思います。自分の行動に矛盾を起こしたくないという心理学の一貫性の法則が働くので、効果があるのです。

しかし、最近では、このテクニックに引っかからない人も多くなってきました。

そこで、一歩進んで、もっとダークなフット・イン・ザ・ドア法をお教えします。

それは**相手に矛盾を作らせる**ことです。例えば、ある食品の試食を勧めたとします。相手が食べてくれた場合、仮においしくなくとも、リップサービスで「おいしい」と言ってくれるはずです。その言葉が出たらチャンスです。

多くの人はここで、「どうぞよければ買っていってください」などと口にします

が、これは相手に自由意思を与えることになるので、せっかくの試食が無駄になります。ここでは「おいしいと言ったのだから、買わないとダメですよね」という空気を作り出すことが必要なのです。

「おいしくなければ買わなくてもけっこうですが、おいしいですよね。この味をぜひご家族にシェアしてください」と自信を持って言ってみてください。

ここで何が行われたかというと、相手の矛盾を突いているのです。

試食をしたことでまず、心理的におかえしをしないといけないという返報性を刺激し、「おいしい」と言ったその言葉に、購入することが前提であるという条件付けをしたのです。つまり、「おいしいと言ったのだから、買わなければいけない」という空気を作り出したのです。そして、言葉の始まりに「おいしくなければ買わなくてもけっこうです」という、断りにくさを助長する言葉を入れているのです。

こうすると、**相手の罪悪感はより一層増し、その罪悪感を解消するために購入する**という行動に出ます。

これは高齢者をターゲットにした展示会詐欺などでもよく使われるテクニックで、効果は抜群ですが、使う側のモラルが問われるのでご注意ください。

23 「好意の返報性」で、異性とうまくいく

「○○はあなたのことが好きみたいよ」
「○○がこの前、あなたのことを気になる存在と言ってたよ！」

そんなことを友人から聞かされると、あなたはきっと○○という人間を意識しだすはずです。これは「好意の返報性」といい、人は自分に対して好意を寄せてくれる人を、自分も好意を寄せるようになるのです。人付き合いや恋愛でも、まずこちらから相手への好意を見せることで、相手はあなたに好意を抱くようになります。

しかし、こういうテクニックを紹介すると、自分が好きになれば相手も好きになってくれる、と勘違いする人が非常に多いのです。

これはあくまでも意識があなたに向かうようになるだけであって、実際に相手の感情まで揺り動かせるということではないのです。相手に好きになってもらうには、好意の返報性に感情を乗せるようにしなければなりません。

あなたの好意をすでに相手がわかっている場合、あなたのすることは一つ、それ

を**ひたすら形にすること。好意があるということをハッキリと言葉にしましょう。**つまり、好きだと言ってしまうということです。ただし、ここでは恋愛関係になろうとしないことがコツです。好きだけれど、あくまでもあなたの思いを尊重するよ、という態度で接します。

想像してみてください。

目の前の人物はずっとあなたのことが好きだと言ってくれる。すごく気遣ってくれるし、いつも心配してくれ、大切にしてくれる。なのに手もつなごうとしない。でも、毎日のように好きと言ってくれる……。

いかがですか？　あなたは徐々に感情が揺り動かされるのを感じませんか？

これが返報性に感情を乗せる方法です。実はこれ、相手にお付き合いしている人がいようが、結婚していようが必ず効力を発揮します。だからこそですが、このテクニックを不倫や浮気には使わないでください。効果が高いだけに、必ず傷つく人が現れます。あなた自身も必ず不幸になる使い方はやめておきましょう。

24 無意識の動作を利用して、相手の心を開かせる

「ノンバーバル（非言語）・コミュニケーション」というのは「言葉を介さないやりとり」という意味で、足を組み替えたらこういう意味、手のひらを上に向けて座る人はこういう人、といった類のことは先述の通りです。

最近は多くの書籍にも解説されているため、多くの人はご存じかもしれません。

実は、このような解説の本がなくても、私たちは無意識にその意味を拾っているのです。

「理由はわからないけれど、この人はなんか気に入らない」など、なぜか嫌いという人はいませんか？

そういった相手は、逆にあなたのことも嫌いであることが多いのです。

これは私たちが無意識に相手の出すノンバーバル・サイン拾っているからにほかなりません。

ということは、**もし相手を手中に収めたいのであれば、その無意識を逆に利用す**

ればよいのです。やり方を挙げればキリがありませんので、ここでは基本的なことを説明しておきます。

嫌いな人に自分の感情を悟られたくないとき、人は自分の体に意識を向けるなどして、感情移入をしないようにします。そこでよく現れる行動は、腕を組む、足を組む、口を結ぶなど、体の内側へと意識が向いたものです。

また、興味のない人の場合は机のものをいじったり、カバンの中を見たりといったしぐさが多くなります。

逆に好きな人だと、身を乗り出したり、目が輝くなどの動きが非常に多くなります。つまり、**相手を手中に収めたいのなら、相手のほうに身を乗り出し、目を大きく開き、相手の話に食いつくように聞けばいい**のです。

その際、あなたの相手に対する思いや感情は意識的に忘れてください。

そうすることで、相手のあなたに対する感情が無意識に変化し、徐々に心を開いていきます。

25 ミスをしても必ず評価を上げる方法

どんなに気を付けていても、仕事でミスをするのは当たり前で、全てを完璧にできる人間なんて存在しません。しかし、同じミスをしても、その一回で信用がなくなる人間もいれば、逆に点数を上げ、さらに信用を積み重ねる人間も存在します。

アメリカで罪を犯した人が裁判を受ける際、「自分のしたことを悔い改めます」と言い、被害者側にしっかり謝罪をした上で、「必ず賠償をしていきます」との約束まですると罪状が軽くなることがあります。

このように謝罪の後で、きちんと代替案を示せば、陪審員の印象は良くなり、加害者に対して感情を動かされることが実証されています。

弁護士もこれらの心理をよくわかっているので、必ず活用します。

これは、私たちの仕事においても使えるテクニックです。例えば、急な仕事を頼まれて、あまり気乗りしない場合は「申し訳ありません、予定があってできません」と言わずに、「申し訳ありません、今日はどうしても無理ですが、明日以降な

ら大丈夫です」と言えばいいのです。

それが嘘の理由でも特に問題はありません。

先に「申し訳ありません」と前置きした後で「○○ならできますので」と具体案を提示して、やる気を見せておけば、相手のあなたに対する印象がプラスになります。

ここで一つ注意していただきたいのですが、人からの提案や依頼に対して、「だって」「でも」「どうせ」「だけど」「だったら」などの言葉をつけて断るのは絶対にやめてください。

これらの言葉は「D言葉」といって、相手を不快にさせる上に、能力がないと見なされてしまいますので、使用を慎むようにしてください。

26 快を焦らして主導権を握る小悪魔テクニック

人間が物事を判断するとき、実は2つのことを比べて判断しています。そう、たったの2つです。例えば、友達に買い物に誘われたとします。ここで人は、この買い物は自分にとって快か不快かを判断するのです。「買い物はストレス発散になるし、友達といろいろ話せる」と快を感じたら行くし、逆に「買い物は面倒だな」と思えば不快に感じるので、きっと友達の誘いを断ることでしょう。

このように相手にとって快か不快か判断すれば、物事はスムーズに進みます。もしあなたが主導権を握りたい場合、相手の快をより大きくする必要があります。

そこでしていただきたいのは、**快を焦らして、より大きな快につなげる**というアクションです。

例えば、付き合い始めのカップルがいるとします。

相手があなたにメールをしてきました。明日どこでデートをしようかと。そこで**すぐに返事をせず、少し焦らして時間を置いて返事をする**のです。

誘った相手はやきもきしながらあなたの返事を待っています。そこですぐに返事をすると、恋愛での優位性は損なわれます。しばらく返事がないと、相手の中で不安が募ります。

「もしかして嫌われている?」「他に好きな人がいるかも?」などと妄想が始まります。そのタイミングで返事をすると、相手はすぐに返事をもらえたときに比べて喜びが倍増し、あなたに返事を待たされたことを快の経験として認識するわけです。するとその後、あなたのリードに不快を感じることがなくなります。

もちろん、この方法は仕事でも使うことができ、メールや電話の返事を少し遅らせることで、相手は忙しいのにわざわざ返事をしてきたと勝手に想像します。よく、「返信などは早めにしなさい」と説く人がいます。時と場合にもよりますが、主導権を握りたいのであれば、基本すべきではありません。

ちなみに、このようなテクニックは小悪魔といわれる女子たちの得意技であり、水商売の女性に恋をしたことのある男性なら、思い当たる節がたくさんあると思います。

27 「スリーセット理論」で印象の悪さをひっくり返す

「三度目の正直」という言葉がありますが、この言葉は心理学でしっかりと証明されています。よく第一印象で全てが決まるといいますが、それは間違いです。

イギリスのセント・アンドリューズ大学で行われた実験がありました。女性数名に協力してもらい、男性に対する印象を3回に分けて聞き、どれだけ印象が変わるのかを調査しました。

1回目、男性は女性に嫌われるような態度で第一印象を植え付けます。もちろん、この時点での女性の印象は非常に悪くなっていました。

2回目、男性は今度は自分の過去を話し、つらい経験があり、人と接することが苦手だと告げます。

3回目、女性に対して非常に優しい態度を取り始め、1回目に会ったときの態度を謝罪します。

調査の結果、9割の女性が男性の印象をとても好感が持てると答え、第一印象のイメージは消えてなくなっていたのです。

以上のように、第一印象は挽回が可能だと証明されたのです。

このように3段階に分けて印象を植え付けるやり方を「スリーセット理論」といい、**どんなに最初の印象が悪くても、その後の動きで回復が可能**なのです。

これは異性間だけではなく、ビジネスにおいても使える手法です。

取引先に対して、「第一印象が悪かったかな」と感じたら、そのままにしないで、**必ず2回、3回と会いに行き、以前の態度を改め、新たな印象を植え付けること**です。

すると取引先は最初の印象が薄れ、あなたに対して新しいイメージを抱くようになります。

逆に考えると、もしその人と縁を切りたいのであれば、このスリーセット理論を応用すればいいのです。1回目よりも2回目、3回目とどんどん態度を悪くすれば、この人は本当に態度が悪い、自分は関わりたくないと思うようになります。

つまり、しっかりと嫌われるということです。とことん嫌われたい場合は、ぜひこの「逆スリーセット理論」を使ってみてください。

28 目を見るだけで、話に興味があるか否かを見抜く

ビジネスでは、目の前の人があなたの話を聞いているかどうかは非常に大事です。

しかし、あなたの話が面白くなかったり、全く役に立たないと思われたりすれば、一生懸命に話しても、相手は全く無関心になります。ただ、相手も大人ですから、一応ちゃんと聞いたふりをし、最後の一言はほぼ、「とても面白い案ですね、ぜひ検討させてください」で終わるでしょう。

相手があなたの話に関心を示しているのかどうか、その心の中を見ることができれば、お互いの時間を無駄にせずに済みます。

よく、体の動きを見る方法が紹介され、それ自体は間違いではないのですが、もう一つしっかり見てほしい部分があります。それは〝目〟です。なぜ、体の動きだけでは足りないのかというと、体の動きにはその人特有の癖というものがあり、初めて会う人であれば、それが癖なのか、それとも心理的な動きなのかがわからないからです。

そこで、自律神経のコントロール下にある部分を見ていきます。ここでは相手の目を観察してみてください。目といっても、目の中の黒目の部分です。

人間はこの黒い目の部分、つまり瞳孔をコントロールできず、興奮状態になると勝手に拡張するのです。何かに興味を示したとき、喜びを感じたとき、興奮したとき、瞳孔が開きます。心臓と同じで、この動きは絶対に止めることができません。

あなたは「テキサスホールデム」というポーカーゲームをご存じでしょうか？

このゲームは世界的に有名で、数々のプロが存在し、毎年ラスベガスで数十億円もの賞金を懸けたワールドシリーズが開催されているくらいです。

そのような場所では、プレーヤーの多くはサングラスをかけています。

ルール的にもそれが許可されています。**だまし合いの駆け引きをする中で、この瞳孔の部分だけはどうしてもコントロールすることができない**からです。

もし、相手があなたの話に興味があるなら、相手の瞳孔は必ず大きくなります。

まずは話す前の大きさ、そして話しているときの大きさをしっかりと見てみてください。その差であなたの話に関心があるのかどうかがわかります。

ちなみに異性間ではさらに顕著に現れる現象ですので、注意して見てみてください。

29
「ローボール効果」で簡単にお願いを聞いてもらう

世の中には一足飛びで結果を出そうとする人がいます。いきなり結婚を前提に告白する人。こういう人たちを見ると、非常にもったいないなぁと思ってしまいます。

人は財布のひもを緩めるのも、心を開くのも、多少の時間があれば何とかできます。実は、それだけではまだ足りないのです。段階を踏むごとに、もっとしたたかな戦略が必要なのです。

「ローボール効果」は、小さな依頼をして相手からイエスの言葉を引き出し、徐々にその依頼を大きくしていく手法のことです。例えば、コピーをしてほしいと頼み、そのコピーを社長に持っていってほしいと言い、さらに少しだけ企画についての意見を述べてほしいと言い、最後には企画のリーダーをしてくれと言う。

このように**段階を踏んで相手からイエスを引き出すと、否定をすることができなくなり、いきなり企画のリーダーをしてくれと言われるプレッシャーを感じずに、**

引き受けてしまうのです。これは異性間でも簡単に応用できますし、多くの方が無意識にしている行動でもあります。

心の中ではともかく、会った瞬間にいきなりキスを求める人間がいないように、まずは体に触れる、手をつなぐ、キスをするという順番になると思います。これもローボール効果で、一つ一つの行為に対するイエスを求めるからこそ、最後にはキスが成就するわけです。

成績優秀なセールスパーソンが異性を口説くのもお手のモノであるのは周知の通りです。これは男性、女性に限らず全くその通りで、本人たちは無意識にこのローボール効果を活用していることが多いのです。

試しに本人たちに、「なぜ、こんなに成績が優秀なのですか？」と聞いてみてください。本人たちは無意識にしていることなので、きっと内心ではあまりよくわかっておらず、「なぜかできてしまう」と言うはずです。

ある意味、天性の気質であるともいえますが、これは努力でカバーしていくことが可能なので、必ず身に付けておきましょう。

30 「希少性の原理」であなたに会うのを楽しみにさせる

よくデパートのチラシなどで個数限定や3日間限りの期間限定など、「希少性」を売りにした販売手法が見られます。いつの時代も、この希少性を売りにした戦略は効果があります。そこまで欲しくなかったのに、手に入りづらいものなら、手に入れたいと考えるわけです。

すでにこの手法の威力はご存じだと思いますが、人間関係に応用することもできます。例えば、まだそんなに深い関係ではないが、何度かデートを重ねた男女がいたとします。男性側は、メールで「今週の金曜日の夜に食事に行かないか」と次のデートに誘いました。こういうとき、女性側は気に入っている相手であれば、すぐにでも返事をしたいでしょう。しかし、そこは少し待ったほうがいいのです。

返事はこう、「今度の金曜日は友人と約束していたから難しい」です。

もちろん行きたいのが本音でしょう、でも、ここはぐっと我慢です。

いつも思う通りに事が運ぶと人間は努力しなくなります。**誘ってもなかなか思い**

通りにならないことで、あなたという人間に希少性がもたらされるのです。

この希少性をとことんブランディングしていると言われたのが、ファンにおしまれながら引退をした歌手の安室奈美恵です。

音楽番組やバラエティーにもほとんど出ない、会えるのは全国ツアーのみ。しかもライブ中のトークは一切なし。歌を歌い切り、それで終了。ファンは安室奈美恵が、ちょっとでも言葉を発すれば大喜びだったのです。歌手でここまで徹底的に希少性ブランディングをしていたのは、日本では彼女ぐらいではなかったでしょうか。

このような希少性を身に付けると、あなたの価値はかなり上がります。

しかし、ここで間違ってはならないのは、希少性を上げるのなら、それなりの実力が必須ということです。例えば、女性であれば美容に気をつかい、美しさをキープすること。男性であれば経済力や男性としての格好良さをキープしなければなりません。そうしないと、努力していざ会ってみたものの、我慢して待つほどの価値があったのだろうかという疑問が、相手には湧いてきます。

希少性を使うのは諸刃(もろは)の剣(つるぎ)、下手に扱うと大けがをするのです。十分に注意していただきたいものです。

31 相手がこの表情を見せたら、会話を切り上げろ

明らかに相手の機嫌が悪くなっているのに、なかなかそれに気がつかない人がいるものです。そういう人は相手の表情の変化に気がついていないか、自分の話す内容に夢中になっていることが原因です。

人によってはいろいろな反応の仕方がありますが、一つだけ、万国共通、誰の顔にも表れる反応があります。それは**嫌悪感を表す表情で、上唇の両端が一瞬釣り上がること**です。もしあなたの目の前にいる人がこの表情を浮かべたら、すぐに会話を切り上げることをお勧めします。

前述した、微表情学を研究するポール・エクマンは、人間には必ず表れる表情があると発表しています。その表情は主に7つに分かれていて、怒り、軽蔑、嫌悪、喜び、悲しみ、驚き、恐怖です。

特に、この嫌悪の表情には気を付ける必要があり、人は一度嫌悪感を覚えると、なかなかその感覚を取り除くことが難しいのです。

少しだけ思い出していただきたいのですが、生理的に受け付けない、またはなぜか嫌いという人があなたもきっといると思います。そのような人に対しては、なかなか嫌悪感を払拭することができないのではないでしょうか？

じっくり話をすればその感覚は取れるかもしれませんが、とにかく最初から接するのが嫌なので、なかなかそれ以上進むのは難しいものです。

だからこそ、ビジネスにしろ、恋愛にしろ、プライベートにしろ、この表情の変化だけは絶対に見逃さないようにする必要があります。

せっかく築いてきた関係ですから、壊さないようにしたいものです。

3章

絶対にNOと言わせない

32 相手から必ずYESを引き出すトーク術

ビジネスでも恋愛でも、相手から「YES」を引き出すのは難しいと考えられていますが、実はそんなに難しいことではありません。

悪名高いナチス・ドイツのヒトラーが演説をするとき、決まって夕方の5時から7時の間に行ったといわれています。

これは、午前中よりも夕方のほうが人間の脳が疲れて判断力が鈍くなるためで、すでに実験でもその結果は実証済みであり、心理学用語で「黄昏（たそがれ）効果」と呼ばれています。交通事故でも夕方の事故率が高いのは、判断力が鈍くなる上に、視界が変化に追い付かなくなるからだといわれています。

もしあなたが相手からイエスを引き出したいなら、ビジネスのプレゼンにしろ、異性を口説くにしろ、**必ず相手の判断力が低下する夕方をお勧め**します。

もう一つ注意していただきたいのは、**トークに緩急をつける**こと。

ヒトラーのスピーチを聞くと、冒頭部分はかなり早口です。早口でまくしたて、聞き手が聞くことにやや疲れてきたところで、今度はゆっくりとわかりやすく植え付けたいメッセージを投げかけます。

最初は速く、本筋はゆっくり、このトーク術に加えて、夕方の時間帯に相手を説得すると、約7割の人が首を縦に振ります。

ビジネスの場面であれば、夕方の時間帯を狙ってプレゼンを仕掛ける、恋愛なら夕方の時間帯に告白をしたり、今後の展開について話し合ったりすればいいのです。

このことを考えれば、朝にプレゼンをすることがいかに時間の無駄かがご理解いただけると思います。午前中は寝た後ということもあり、頭もスッキリしていて、物事を判断する時間に最適です。もちろん、あなたがプレゼンや説得内容に圧倒的な自信があるなら、この時間帯でもいいでしょう。

しかし、内容に反論されたら何も言い返せないのではないかという不安が少しでもあるなら、午前のプレゼンはお勧めしません。

何事もそのときのタイミング。せっかくですから相手の思考能力が鈍っているときに仕掛けていきましょう。逆もしかり、もし夕方にプレゼンをすると相手に言われたら、少し警戒する必要があるかもしれません。

33 対策が取れず、何度でも効いてしまう「興奮体感理論」

あなたがセールスパーソンでモノを売りたい場合、もしくは好きな人にプロポーズをしたい場合、当然欲しいのは肯定的な反応ですよね。

人がモノの購入を決めるときや、プロポーズのような人生の一大事の返事を決定するとき、まず**心の中で、決定した後の興奮状態を体感レベルでイメージできるようになって初めて決定する**、という通説があります。これを「興奮体感理論」といいます。**キーワードは相手にしっかりとイメージさせること**。

相手が決定後の視覚化をできるのか、聴覚化ができるのか、感情を心の中で描写できるのか。これらをしっかりイメージさせることができれば、相手は必ず首を縦に振ります。なぜここまで断言できるのかというと、そこまでしっかりとイメージさせることができれば、断る理由がなくなるからです。

例えば、目の前に100万円が置かれているとします。あなたはたまたまプライベートで諸々(もろもろ)の支払いがあり、必要な額だとします。そこで提案があり、「もし、あなたの持っているその電話を私に売ってくれたら、この100万円は差し上げますよ」と言われたらどうしますか？　間違いなく首を縦に振ってくれますよね。

今、あなたの心の中の動きをもう一度思い出していただきたいのですが、視覚、聴覚、感情が共に動いたはずです。

実社会では、このようなテクニックが非常に多く使われています。特に、投資話ではこの手のテクニックが使われます。射幸心（しゃこうしん）をあおり、相手に儲かるイメージをとことんさせ、お金を払っても損はしないと思わせるのが興奮体感理論です。

詐欺師がこのテクニックを多用するのには理由があります。実は、**このテクニックでだまされても、人はそこから学ぶことができない**からです。いや、正確には学びたくないのです。

人間はだまされると、それを相手のせいにします。だましているほうが悪いのであって、自分は悪くないと考えるのです。しかし、厳しい言い方ですが、だまされるほうが悪いのです。そこをよく認識しないと、いつまでも詐欺師のカモにされてしまいます。だまされる前のイメージはなかなか記憶から消えないので、同様の場面になると、記憶から興奮を引き出して、より興奮体感理論を助長するのです。

34 「条件付け」で思考を骨抜きにしろ

あなたは「スタンフォード監獄実験」という言葉を聞いたことがありますか？

アメリカのスタンフォード大学で行われたもので、模型刑務所を校内の地下に造り、普通の人に特殊な肩書きや地位を与えると、どういった変化が見られるのか、研究したのです。看守役、受刑者役にグループ分けし、時間が経過するにつれ、看守はより看守らしく、受刑者はより受刑者らしくなることが証明されました。

しかし、この実験では最終的に禁止されていた暴力が始まり、実験は当初2週間の予定がわずか6日で中止されたのです。さて、ここまで書くと、「役割がその人の行動を決める」というような内容になると思われそうですが、実は伝えたいのはその部分ではありません。その中で行われる自己開示のテクニックについてです。

自分の身の上話をすれば、相手も心を開くというように私もよく解説していますが、相手にだけ自己開示させ、ものを考えさせないように誘導し、思考を骨抜きにできる方法もあるのです。

それが「条件付け」といわれるテクニックです。

スタンフォード大学の実験では、看守役は皆サングラスをかけ、手には警棒を所持していたそうです。初期段階では、お互いが冗談半分でからかったりしていましたが、看守役の中にリーダー格の人物が出現したことで、変化を見せ始めます。実は、ここで人間が知覚しない巧妙な条件付けがされているのです。

もし、最初から看守役が怖い人間であれば、囚人役は最初から怖れて心を開くことはなかったのです。ところが、**最初の段階で心を許した後で、看守役が看守らしくなってきたため、心が混乱し、恐怖を覚え、従わなければならないという心理状態に陥ってしまった**のです。特に、このときの看守役のサングラスに警棒という格好が視覚的な条件付けとして心に定着したため、看守役の格好を見ただけで従うという状態になったのです。

つまり、**相手の心を骨抜きにしたいのであれば、情報を聞き出しているときと同じ格好で少しずつプレッシャーをかける**のです。何回かそれを繰り返すことで、自然と相手は、あなたを見るだけで心の中を打ち明けたくなります。

35 契約クロージングは恐怖を利用する

最も人の動機付けになるもの、それが恐怖です。

そして、それがどんなに不合理なものであっても、恐怖は人に行動を引き起こさせます。人間の本能において、これは抗(あらが)えないもので、恐怖の感情を持つのは遺伝子のなせる業なのです。

恐怖を誘導する4つのステップをご紹介しましょう。このステップは必ず順に行う必要があります。一つ欠けても完全に恐怖を使いこなすことができなくなります。

1. 相手が徹底的に怯(おび)えている

2. 恐怖を克服するための具体的な案が提示される

3. その案が恐怖を軽減するのに効果的であると認識する

4. 相手がその案を実行できると信じる

例えば、契約においてこのテクニックを使用するなら、

1. この商品がないことでどれだけの損失があり、どれだけの不利益が待ち受けているのかを、これでもかというくらいに刷り込む
2. その損失を避けるときのためにこの商品があると説明する
3. お客様の声や感想、またはビフォーアフターのデータを見せる
4. 「その商品を手に入れるための金額はこれですが、今ならこれだけで済みます」「分割にすれば一日たったの300円です」などと説明する

本当にたったこれだけです。これだけであなたのクロージングはうまくいきます。これはすでに多くの企業も取り入れているスタイルなので、もしかするとすでに見たことがあるかもしれません。

しかし、実際にこのテクニックを使っている個人はまだまだ少ないのです。

考えてみてください。例えばあなたの足が痛みます。その痛みを取るためにはある薬が必要で、それがないと一生痛みと付き合わなくてはなりません。そこで、「本来は30万円かかりますが、今日は特別に9800円です。今お買い求めいただくと、さらに安くなり4800円になります」。このように言われたらどう思いますか？　買いたくなりますよね？　こんなふうにこの技術は使われているのです。

36 ビジネスで成約率を飛躍的に上げる

どんなスポーツ競技でもそうですが、ホームで戦っているチームは強いものです。実力が拮抗(きっこう)しているのであれば、その結果はさらに顕著に現れます。

日本のプロ野球などでも、ホームグラウンドで戦うチームは、68%も勝率があるという結果が出ています。

勝ち負け50%という確率からすると、やはり勝ちが上回っていることがわかります。

なぜ、このようなことが起こるのでしょうか?

実は、偽薬でも有名な「プラシーボ効果」が関係してくるのです。

プラシーボといえば、ほとんどの人は偽薬の実験のことを思い出しますが、実はそれだけではなく、思い込みによる効果全般を指します。

つまり、前述のホームグラウンドでいえば、地元に慣れている、地元の人たちが応援してくれている、周りがほとんど自分たちの味方である、という安心感から、選手たちはビジターの選手よりも格段にリラックスしてゲームに臨むことができるので、実力が同じような場合では、勝つ確率が飛躍的に上がるのです。スポーツのみならず、ビジネスでの交渉の場、セールスの場、何か意思決定をするような場面でも、この技術を適用できます。

もし、あなたが交渉の場に臨むのであれば、これだけは必ず注意してください。それは、**会う場所を相手に決めさせない**こと。必ずこちらの指定する場所に誘導することです。相手にお伺いを立てると、必ず相手にとって有利な場所を指定されますから、絶対に自分のほうから指定すること。もうここから交渉は始まっているのだと考えてください。

ここでさらなるシークレットな技術をお伝えします。男性が**こちらのホームに来た場合、必ず美しい女性を同席させる**こと。実はこれをキャバクラ効果といい、人はキャバクラにいると相手の女性のホームにいることになり、そこでおねだりされると断ることができなくなるのです。これはなにも水商売だけではなく仕事の場面でも、男性はアウェイの状態で美しい女性がいると、どうしても体裁を整えようとするのです。そこで決断を迫れば、ほぼ100%あなたの思うツボになります。お試しあれ。

37 交渉に勝ちたければ、パーソナルスペースを意識しろ

神戸に「メリケンパーク」という場所があります。そこはカップルたちのデートスポットで、仲良く横並びで座り、海を眺めては明るい未来について語り合ったりしています。これらのカップルがズラリと並んでいるのを少し離れて後ろから眺めていると、面白いことに、それこそ誰が測ったわけでもないのに、見事に等間隔で座っているのです。

これは人間にもともと備わっているパーソナルスペースによるもので、原始から私たちのＤＮＡに刻み込まれているのです。心を許している相手であればあるほど、体の距離が近いのはご理解いただけると思いますが、逆にこの習性を利用すれば、交渉事に負けないことを知る人は少ないのです。カギは心の距離です。

体の距離が近いのは心も許していることだと人間は無意識に感じるわけで、ここをうまく使うわけです。実はこのようなテクニックを多用しているのが、ホステスやホストという職業の人たちです。

男性なら覚えがあるかもしれませんが、ホステスは席の隣に座ると、必ずといっていいほど男性客の太ももに手を置きます。その瞬間、男性客がどう思うかわかりますか？「えっ、もしかして俺に気がある？」なんて思うわけです。

そんなことは他のお客様にもしているにもかかわらず、です。

このようにパーソナルゾーンに無理やり入り込み、そこで女性の魅力を最大限に発揮すると、もう男性客はお手上げです。

アメリカの文化人類学者エドワード・T・ホールは、パーソナルスペースと愛情の変化についての研究をしました。スペースを侵害していない男女と、お互いがスペースを侵害する男女の実験です。

すると、そのうち仲良くなり、性的な行為まで始める男女の8割はパーソナルスペースを侵害した人たちでした。普通に考えるとおかしな現象ですが、実験結果を見れば一目瞭然、ホステスやホストがこのテクニックを多用するのもうなずけます。

もしあなたが交渉の場に立ったときは、意識して相手のパーソナルゾーンを侵害していってください。ただし、無理やり近づくといきなり不快感を与えることになりますので、十分に気を付けてください。

38 交渉相手が多人数でも勝利を収める方程式

ビジネスでの交渉は普通は一対一で行われますが、ときには多人数を相手にしなければならない場面もあります。例えば、交渉する場所が相手の会社などであれば、交渉する相手の上司がいきなり同席することもあります。

普通であれば、そのような場面は不利だと思われますが、逆に有利に働きます。なぜなら、あなたの**交渉相手があなたの示す条件に難色を示したとしても、残りの人を口説き落とせばいい**からです。つまり、**相手の数が多いほど、あなたの交渉に有利になる**のです。

これは「集団思考」といい、人が集団になったとき、絶対に自分に間違いがないと思い込み、相反する根拠を回避、無視、拒絶することで、重大な意思決定に間違いを犯す傾向のことをいいます。

集団思考のメカニズムは、以下の3つとなっています。

1. 集団の中にいる人は、自分たちは道徳的に優れており、意思決定に間違いが

ないという考えをお互いに強化する

2. 集団内部に、全員賛成と錯覚するような強い同調圧力が存在する

3. 合意に反する情報は排除される

このように、実は集団は非常にコントロールされやすいのです。

交渉の場で、相手が集団の場合、いち早くあなたの意見に賛同する人を見つけるようにしてください。そして、その人を集中攻撃してください。そうすれば、あなたの望む交渉結果になるでしょう。

39 優柔不断な相手でも即決させる方法

「ビュリダンのロバ」という話があります。飢えと渇きに苦しんでいるロバが、二股に分かれている道の真ん中に立っています。

一方の道には水がたっぷり入った桶(おけ)、もう一方には干し草が山盛りになった桶が置かれています。どちらも完全に同じ距離だとすると、ロバは一体どちらの桶のほうに行くと思いますか?

正解はどちらにも行かないのです。ロバはその場で立ち往生して、どちらも選べずに最後には餓死してしまいます。選択しなければならない場面なのに、いつまでも決められないままだと、結局は大きな損失を被ってしまうという教訓の話です。

このように、いつまでも決断しない相手は常に存在するものです。

買うのか買わないのか、告白するのかしないのか、行動を起こすのか起こさないのか、生きている限り、人はこのような決断を迫られます。

もし人に決断を迫りたい場合、この話を思い出してください。

ロバはどちらも同じ距離に桶があったからこそ、決断ができなかったのです。

もし水のほうがよりロバに近かったら、ロバは迷わず水を飲みに行きます。

この話からわかるように、相手が決断に迷っているのであれば、こちらからアクションを起こす必要があるのです。**相手が選びやすいよう、相手が言いやすいよう、相手が行動しやすいようにしなければなりません。**

主にインターネットを介して売買される「情報」、いわゆる情報商材を販売している人たちは、インターネットでモノを販売する場合、必ずセールスページというものを作成しますが、最後の購入ボタンをクリックしてもらうために様々な工夫を凝らします。普通であれば「決済はこちら」というボタンですが、彼らはわざわざ、「今すぐこのボタンを押して手に入れる」という表示をします。これは「このボタンを押すことで、今すぐこの商品を手に入れることができますよ」と強く訴えているのです。意外に思われるかもしれませんが、このような表示があるとないとでは、購入率が3、4倍も変わってきます。ロバの話でいうと、手に取ってほしいほうを相手に近づけたということです。

かなり使えるテクニックなので、ぜひ活用してください。

40 タフな相手には「類似性の法則」を利用しろ

交渉相手がタフな場合があります。

どう考えてもこちらの意思をくみ取ってくれない相手や、首を縦に振ってくれそうにない相手、頑固な相手、最初から難色を示す相手など、挙げればキリがありません。交渉前から気力も萎え、萎縮してしまう相手がいるものです。

アメリカのビジネス交渉人は、まず交渉相手の性格、価値観、趣味などを徹底的に調べます。それこそ相手が最近読んだ本まで調べ上げ、自分自身もその本を読み、相手の価値観に沿うように感想を書き出し、それを覚えます。

人は自分に似ている相手に親近感をもち、信頼を寄せる傾向があります。初対面同士でも、同じ出身地、同じ趣味だったりすると、妙な親近感を覚えるものです。この法則は多くの人に当てはまり、それはどんな性格の人にも適用できます。

例えば、堅物で有名な社長も、自分と似た人間を見ると、かわいがってしまうものです。これはビジネスに限らず、異性に関しても同じ研究結果が出ています。もしあなたに口説きたい異性がいれば、その人と同じ価値観を持つことで、距離を一気に近づけるのが容易になります。**相手の価値観、性格、服装のジャンルなどを調べ上げて、まるで以前からこのように生きてきたかのように話せばいい**のです。

この方法は別れさせ屋がよく使うテクニックで、特にターゲットが女性の場合は、かなりの確率で使われます。

全てを兼ね備えた工作員の男性がターゲットの女性の前に現れることで、まるで女性にとって運命的な出会いであるかのように見せるのです。そして、じっくりと交際が始まり、交際している男性と自然に別れるように仕向けます。

これほど強い効果を発揮するものですが、実は異性に使う場合、効力があるのは最初だけで、もし結婚ということになると、まるで逆の効果が働きます。

よく価値観が合わないからという理由で離婚する方がいますが、ほとんどは価値観の違いが原因ではなく、別の理由があることが証明されています。なぜなら、そもそも男と女は性の違いがあり、価値観が最初から合わないということはわかっているからです。結婚において、長く続くのはほとんどが価値観が相反するカップルであり、相反するからこそうまくいくのです。

41 仕事を有利に進める魔法のような言葉

「最近、仕事はどうですか？」
「いや、もう忙しくて、バタバタですよ」

そんな返事が返ってくると、「あぁ、この人は仕事ができない人なんだな」と思ってしまいます。そして仕事ができる人ほど、このように発言する人に近づきません。

「忙しい」が口癖の人は、段取りが悪いか、仕事を時間内に片付ける能力がないと証明しているようなものです。一方、仕事ができる人は時間管理や他人への仕事の依頼のしかたに長けているので、そんな言葉を口にすることはありません。

実は、気分を向上させる言葉、ポジティブな言葉などのパワーボキャブラリーを身に付けていると、あなたの仕事は必ず増えます。

人間は相手の言葉を聞いて、無意識にその人の能力を推し量ります。「いや、そんなことはないでしょ」などと思うのであれば、少し考えてください。

目の前に2人の男性がいます。あなたはどちらかに仕事を頼みたいと思っています。どちらも能力は同じであることはわかっています。一人は元気よく「はい、任せてください。1日で仕上げます」と返事をします。もう一人は「ええ、もちろんやることはやりますが、1日かかりますよ、それでもいいですか？」と返事をします。仕事が仕上がるのも同じ時間、仕上がる能力もほぼ一緒、さあ、あなたはどちらに頼みますか？

もちろん前者ですよね。このようにパワーボキャブラリーを使うことは、あなたのキャリアに非常に有利に働きます。日本人は真面目なので、ちゃんとした準備がないと返事ができないという人がいます。しかし、世界の偉業を成し遂げた人たちはしっかり準備をしてから、偉業に取りかかったのでしょうか？　違いますよね。

あの有名なナポレオン・ヒルだって、カーネギーに無償で成功哲学の本をまとめろと言われて、自分に対して何の保証もないし、何をどうすればいいのかわからない状態で、とにかく「はい、やります、やらせてください」と言ったわけです。そしてその成功哲学の本は世界中で売れ、ナポレオン・ヒル自身を大富豪にしました。

言葉を軽視する人は多いのですが、パワーボキャブラリーが人に与える影響は多大なものですので、十分注意してください。

42 相手の心から余裕を奪う

交渉において重要なのは相手との妥協点を探し、説得することであって、相手の望みを聞くことではありません。

私たちは得てして「交渉は相手の機嫌を取るものだ」と勝手にイメージしがちですが、相手の心理をボロボロにして、再起不能にすることも可能なのです。

「ピグマリオン効果」というのは、**人は他者に期待されるほどにやる気を引き起こされ、期待された通りの成果を出す傾向がある**という説で、アメリカの教育心理学者ロバート・ローゼンタールによって提唱されていますが、この逆の、「アンチピグマリオン」という技術を使う人は少ないのです。

以前、日本中を震撼させた「女子高生コンクリート詰め殺人事件」がありました。被害者の女性は拉致され、長い期間監禁されて凄まじい集団暴行を受け続けた後、死亡し、遺体を入れたドラム缶がコンクリート詰めで捨てられたという残虐な事件です。

監禁されたとき、被害者はいくらでも逃げ出せる機会がありました。では、なぜ逃げなかったのか。いや、実は心理的に逃げられなかったのです。脅しや暴力を受けただけではなく、「お前は逃げても誰もかくまってくれない」「誰も味方がいない」「誰もお前を助けてくれない」というアンチピグマリオン効果によって、自分の存在価値を見失い、逃げてもどうせ無駄だと思い込むことで起こったのです。

これは夫婦の間でも起こる現象で、DV（配偶者などからの暴力）を受けた経験がある人ならよく理解できることだと思います。「お前は家事ができない」「お前は役立たず」「お前は誰の金で飯食っているんだ」と長い期間聞かされると、本当に自分は価値がないものだと思い込み、相手のちょっとした優しさに有頂天となり、もっと相手を喜ばせたいと考えて、相手の思うツボになるわけです。

アンチピグマリオン効果は一種の洗脳術でもあり、使う場面を間違えると大変ですので、ご注意ください。

43 「バランス理論」を利用して一気に優位に立て

「バランス理論」とは、人はいつでも均衡の取れた人間関係を求めていて、そのバランスが崩れていると、自分の意見や見方を変えて関係を修復しようとする心理傾向のことです。例えば、友人に嫌いな相手がいれば、自分も嫌いになってしまうのです。逆にいえば、友人が好きな人物のことはあなたも好きになってしまいます。

交渉事では、必ずこのバランス理論を意識してください。

相手を説得する交渉の場面で、共通の知り合いの名前を出し、「あの人もこれを気に入って買いましたよ」という一言が決め手になるときがあります。あなたも信頼している人が買ったものだと聞けば、迷わず買うこともあるでしょう。

人質交渉人が犯人と交渉するとき、よく耳にするのが、「両親はどこにいる？」「彼女または奥さんはいるのか？」という質問です。交渉人は犯人と親しい人物を使い、犯人の心を揺さぶる作戦に出ます。

他人が言っても聞かないけれど、親や恋人の一声で意見が変わってしまう。こう

したバランス理論を使うと、あの人が選んだものだから間違いがないという心理が働きます。

もし、あなたの交渉相手がタフな人である場合、**事前にその人が信頼を寄せている人物を調べてから交渉に臨み、最後のカードとしてその人の名前を出せば、成功する確率が非常に高くなります。**

異性を口説く場合は、事前に相手が信頼を寄せている人物に近づき、肯定的な態度で、まず信頼を集めます。その後、好意を寄せている相手を口説くと、その信頼を寄せている人物から背中を押され、意外と簡単に交際に発展します。意中の相手の友達を味方にしておくのは必要不可欠なことだということを、しっかりと覚えておいてください。

44 部下に絶対、目標を達成させる

アメリカの心理学者クルト・レヴィンが第二次世界大戦中に行った実験で、のちにその結果を再び調査したいという流れから、イギリスで行われた、ある大学を対象にした実験がありました。30人を一つのクラスとして二つのクラスを作り、最初のクラスの生徒には各自他人には発表せず、自分の目標を作ってもらいました。もう一方のクラスでは同じように目標を立てて、こちらは全員の前で目標を発表してもらい、自分の目標をシェアしてもらいました。1年後、その目標達成率を見てみると、全員の前で発表したクラスは、そうしなかったクラスの約3倍もの達成率となったのです。

これは「パブリック・コミットメント」の力によるもので、**公の場面で自分の目標を宣言すると、その目標達成のための努力をする確率が高くなる**というもの。

政治の世界では、これをマニフェストと呼びます。

このように、交渉の場において相手からコミットメントを引き出すことは非常に重要であり、必要なことです。日本のヤクザも、このコミットメントを引き出すことをとても得意としています。

「おい、お前、さっきできるって言っただろうが！　なめてんのか、こら！」と、もしヤクザにこんなことを言われたら、もう逃げ場はありません。なぜなら、この言葉を言われるということは、あなたはすでに何かしらのコミットメントをしたことに他ならないからです。

あなたがビジネスの場面でこの方法を使う場合、ミーティングなどで、社員それぞれに、みんなの前で自分の目標を発表させるようにしてください。こうして公衆の面前で目標を宣言すれば、自分に対する責任感が生まれ、目標達成のための努力をするようになります。

これはプロの交渉人もよく使う手で、犯人に自分で発した言葉への絶対的な責任を取らせるようにします。だからこそ、交渉人は犯人から発せられた一言一言をしっかり記憶し、交渉をスムーズに進められるのです。

ときに交渉人がヤクザまがいに怖いことがありますが、それは犯人が自分の言葉に責任を持たないときなので、そんなときには、どちらが悪い人なのかわからないことがあるのも事実です。

45 ヒトラーに学ぶ相手の判断力を失わせる方法

悪名高いナチス・ドイツのヒトラーについては多くのことが語り継がれていますが、ヒトラーに直接メンタリズムを伝えた人物が存在します。

その名はエリック・ヤン・ハヌッセン。ヒトラーに最も恐れられた人物ともいわれています。

ハヌッセンは現在でいうメンタリストであり、トリックを使って、まるで超能力のような現象を引き起こします。オカルトに傾倒していたヒトラーにとって、ハヌッセンの評価はすこぶる高かったようです。

ハヌッセンがヒトラーに教えたとされる数々の人心掌握術の中で、相手の判断力を狂わせ、失わせる技術が存在します。それが「ジェスチャー」です。

私たちは誰かの話す内容を言葉として聞いているのですが、もう一つ、目に見える形で大量の情報が、外見、姿勢、体の動きを通じて送られてきます。

アメリカのスタンドアップコメディアン協会の調査では、コミュニケーションの半分以上が言葉に頼らずに行われているといわれています。私たちはメッセージを、**耳から入った情報はもちろん、目から入った情報にも基づいて判断する**のです。

ここで質問ですが、ヒトラーは一体どんなスピーチをしたかわかりますか？　そう、かなり身振り手振りがオーバーだったのです。時に思いっきり拳を振り上げ、時には「国民よ」と大きく手を左右に広げていました。拳を真上に振り上げ、心が熱くなるようなメッセージを送ると、人間は鼓舞され、やる気を出すものなのです。

簡単な実験をしてみましょう。あなたは男性で、目の前に2人の魅力的な女性が座っています。どちらも水着を着ていて、非常にセクシーです。一方はただ単に「手をつなぎたい」と言い、もう一人は手を大きく広げて、かわいい笑みを浮かべながら、「手をつなぎたい」と言います。さて、あなたはどちらと手をつなぎたいと思いますか？　間違いなく手を広げたほうですよね。これが目に見える情報の力です。

もし、これからスピーチをする必要があるのなら、少し身振り手振りを大きくアクションしてください。普通に話すより相手に喜ばれますよ。

46 威張る権威主義者をおとなしくさせる

人間はなるべく平等でありたいものですが、そうもいかないのが今の資本主義社会です。そんな社会だからこそ権威主義という考えが生まれてくるのです。

もし、あなたの上司や先輩が権威主義者であれば、あなたは非常に強いストレスを抱えているかもしれません。見るからに人を見下し、自分が一番だと言わんばかりに威張り散らす、そんな人間を見ると気分が悪いものです。

そんな人間がもし周りにいるのなら、逆に毒を盛ってしまいましょう。

権威主義の人の心理はわかりやすく、非常に気が小さいのが特徴です。傲慢(ごうまん)さがその姿を隠してくれますが、実に9割が小心者だと思って間違いはないでしょう。

そこで、権威主義に立ち向かうには権威主義を利用しましょう。

目には目を、歯には歯を、です。

やり方は簡単です。例えば、上司が権力を盾に何かの指示をしてきたとします。

あなたとしてはまだまだやらなければならない仕事もあるし、あまり他の案件に手をかける余裕がない状態です。

こういうときはキッパリと「現在、進行中の仕事があります。社長に頼まれているので、もし手を止めても大丈夫であれば、そちらの仕事を優先いたしますが……」などと言ってみてください。きっと他の人にその仕事を任せるようになります。

権威主義者は権威主義であるが故に、自分より権力のある人間には逆らえません。

つまり、自分が上の人間であると考える人は、常に自分より上の人間の存在を気にします。だからこそ、こういった人間には**さらに上の人が背後にいるとにおわせることで、その権威主義をかき消すことが可能**なのです。

ただ、あまりこのテクニックを使いすぎると、その人にとってあなたは目の上のタンコブのような存在として認識されるので、基本的には相手を褒めたり、自分を卑下(ひげ)して相手を持ち上げたり、相手の意見に同調したりするなど、上手なヨイショも必要です。その上で相手が調子に乗りすぎているなと思ったら、このテクニックを使いましょう。相手は調子に乗ったことをきっと後悔することでしょう。

4章

思い通りに他人をコントロールする

47 「バーナム効果」で、相手が勝手に頼ってくる

誰でも自分のことが大好きで、自分が一番かわいく、みんなから認められたいと思っているものです。自尊心を保つことで、人は自分の存在価値を確認し、自分がこの社会から必要とされているのだと感じるわけです。

人は自分を認めてくれる人を味方と判断し、認めてくれない人を敵と見なします。

このように相手の自尊心を満たしてあげることは、非常に重要なことなのです。この人は私のことを理解してくれている、そんな考えを相手に持たせることができれば、相手は無条件で動いてくれるものです。ここでご紹介したいのが「バーナム効果」。**誰にでも当てはまるような一般化された性格について話されても、自分だけに当てはまるパーソナリティとして受け取ってしまう傾向**のことをいいます。

これは19世紀にペテン師として知られたP・T・バーナムにちなんだもので、コールドリーディングや占星術師、霊能力者、占い師の重要なテクニックでもありま

す。例えば、「あなたには人から好かれたい、褒められたいという強い欲求がありますね？」と言われたらどう感じますか？

「あなたは愛想が良く社交的なときもありますが、内向的で慎重、控えめなときもありますね？」と言われたらどう感じますか？

「あなたは自分自身に批判的になるときがありますよね？」と言われたらどう感じますか？

あなたにも全て当てはまったのではないでしょうか？ これらはどれもバーナム効果です。一見、**当たり前のことのように感じますが、これを会話の中に巧みに入れ込むと、聞き手にはそれがわからない**ものなのです。このようなバーナム効果になる言葉を次々と相手に投げかけることで、相手は自分が理解されていると思い始め、この人は私のことを全て理解している人なのだと思うのです。

冗談にも聞こえるかもしれませんが、私がメンタリズムのショーを行うときは、必ずこのテクニックを使います。そしてショーが終わると、必ず数人は私を訪ね、本気の人生相談を始めるのです。このようにバーナム効果はシンプルにして強力ですが、人をだますために使うと大変なことになりますので、十分な注意が必要です。

48 叱っているのに、部下から感謝される

「また、部長の罵倒（ばとう）が始まったよ！」なんてあまり気分のいい話ではないのですが、このように大声で部下を叱り飛ばす上司のほとんどは、コンプレックスを抱えていて、激しく叱ることで、自分の精神の安定を図っているわけです。

部下にとっては迷惑な話ですが、叱るなら叱るで、後に尾を引かないように叱る必要があります。

では、どうすればいいのか？

それは、**叱るとき、必ず同じ目線で叱る**ことです。

子供を叱るときや説得をするとき、子供の扱い方に慣れている人は必ずしゃがみ込み、子供たちと同じ目線に立ちますが、大人に対しても全く同じことがいえます。**自分と同じ目線でいると、相手は自分のことを同格に扱ってくれているのだと感じる**わけです。

逆に自分は立っていて、部下を座らせたまま叱るのは、上下関係を重視する権威

主義の上司に多く見られる特徴で、部下を自分より低いものであると当然のように考え、見下しています。

経営者に多く見られるのは自分は座り、部下を立たせたまま叱るパターンです。これは自分の地位が絶対なものであり、基本的に部下をコマのように扱おうとしていることの表れです。

このように叱るという行為一つでも、相手には無意識に大切にされているかどうかがわかりますので、しっかり同じ目線に立って叱りたいものです。

余談ですが、アメリカで1歳から5歳までの子供たちを対象に調査を行ったところ、ちゃんと同じ目線に立って叱ってくれる先生は人気があり、逆に立ったまま、つまり子供たちを見下しながら叱る先生は人気がなかったという結果が出ています。

これは小学校高学年まで記憶に残っていて、追跡調査の結果、小学6年生になっても当時好きだった先生を覚えているそうです。逆に、嫌いな先生の記憶はおぼろげだったという結果になりました。

本当にちょっとした行為の差なので、意識して叱りたいものです。それは何よりもあなたのためになります。

49 適性を見抜くには、一緒に食事に行け

食事に行くと、その人の人となりがよくわかります。とくに女性は無意識に、デートのとき、男性がどんな食べ方をしているのか見ているものです。最悪の場合、次のデートはないものとそのときに決めてしまうそうです。

経営者が部下や社員の人たちを食事に連れていくことがあります。もちろん日頃の労（ねぎら）いという意味もあるでしょう。しかし、実はもう一つ理由があります。

それは**どんな食事のしかたをしているか、どんなメニューの頼み方をしているのか、どんな立ち居振る舞いをしているのかを見ているの**です。

食事というのは人間の本能であり、欠かせないものです。こういった本能が左右される場所では、必ずその人の本来の姿が現れます。

例えば、**誰が決断力を持っているのかを見るには、メニューを決める速さを見ればわかります**。食事にいつまでも悩んでいる者に、ビジネスでの決断力があるとは思えないからです。お酒が出ると真っ先にビールを注ぎに行くのは行動力がある証

拠であり、セールスまたは企画などの部門が最適。みんなの分を取り分けて配る人間は気配りができ、サービス部門に最適など、非常に多くのことがわかってきます。

こういったことがわかれば、適材適所に人員を配置することができます。

よく、部下をどう動かせばいいのかわからないという人がいますが、そもそも動かないのには原因があるのです。そのほとんどは仕事が面白くないという理由です。そして、なぜ面白くないのかと問われれば、それは単純に仕事がその人に合っていないだけなのです。自分に合う仕事は必ず楽しくなり、効率も良くなります。

このように一緒に食事に行くことで、相手の得意とするものを見極め、それを人事に生かしていく、これは今の日本で必要な考えだと感じています。

実はこの食事に行くという方法は、昔から中国マフィアが好んで使う手法で、「こいつは何ができるのか」を見極めるのに役立っていたそうです。例えば、決断力のある人間は大事な取引の現場に連れていったり、行動力のある人間には第一線の危ない現場を任せたり、気配りができる人間は自分の身辺に置いたり。このようにして中国マフィアは適材適所を心がけ、その勢力を伸ばしていったといわれています。

50 やる気を起こさせるには、ここで食事をしろ

食事に連れていくだけで適性がわかるというメリットに加えて、実は食事をする場所も非常に重要です。相手を動かすためには、常にこの食事をする場所に気を付けたいものです。

では、どんなところで食事をするのが一番いいでしょうか？　実は中華料理店です。いや、厳密にいうと**丸テーブルのある場所**です。

丸テーブルが意味するものは公平と平等であり、丸テーブルを囲めば、誰が一番なのかという感覚が消えます。これは角ばった長方形のテーブルと比べてみればわかると思います。丸テーブルの場合、座っている者は平等である感覚を持ちやすく、どんな関係性だとしても、穏やかな雰囲気になります。一方、角形のテーブルは権威主義や攻撃的なイメージがあり、特に日本においては座る位置でその人の位がわかるという図式があります。

もし、**あなたが人をやる気にさせたいのであれば、絶対に丸テーブルにすべきで**

す。丸テーブルを囲めば、相手はあなたの応援の言葉を上からのものではなく、同じ目線に立ってのものと感じます。

アメリカを代表するグーグル本社が置かれているシリコンバレーでは、多くの会社が仲間と話し合うための部屋や、ブレーンストーミング、または企画会議をするときの部屋で丸テーブルを使用しているのは有名な話です。

しかし、この丸テーブルは、人をやる気にさせる効果はありますが、何かの意思決定をする際には向きません。あくまでも前述の公平、平等なイメージを抱かせたい場合に使うのがよいでしょう。

51 否定的な態度を一瞬で肯定的に変える

なんでも否定的に捉える人はいるものです。こちらとしては非常にストレスが溜まりますが、どうしてもお付き合いしなければならなかったり、職場の人間なので、どうしても無視することができなかったりする場合もあります。ましてやそれが取引相手なら、なおさら無視できないでしょう。

こういった否定的な人は、実は嫉妬深い人物で、すぐに相手の行動を疑います。あなたがいくらＷＩＮ・ＷＩＮの提案をしても相手は信じてくれません。このタイプの人間は独立心がなく、幼児性が強い、そして常に不安を抱えている人物であるといえるでしょう。これが男女の間なら、それはそれは大変です。

こうした人間と接する場合、**必ずあなたの考えや行動を可視化できるようにしてあげることが大切**です。

例えば、取引の案件があり、相手は非常に否定的な態度だとします。

「いやいや、大丈夫ですよ、お任せください」と言うだけでは、相手の否定的な態度は絶対解消できません。

「はい、この案件ですと、来月末には御社の倉庫に届きます。運送会社はここで、随時確認することができますので、ご安心いただけるかと思います」

この2つの話し方の差はご理解いただけたでしょうか？

そうです。**どれだけ具体的に話したか、内容の可視化ができたか**にかかっているのです。

これは「心の理論」ともいい、自分自身や他人の心の状態を推測する心の機能です。

つまり、あなたが具体的に話すことで、相手は心の中であなたの考えをイメージし、自分の心とあなたの心の状態が一緒だと確認することができ、安心するわけです。こうして相手の否定的な態度を一瞬で肯定的に変化させることができるのです。

異性間にもこのテクニックは非常に有効で、相手がなかなかこちらのことを信用してくれない場合は具体的に話してあげ、心の中をスッキリさせることができれば、簡単に事が運ぶでしょう。

あとはあなたが本物の信用をどう積み重ねるか、腕の見せ所です。

52 簡単にセールスの成績を上げる

何かの企画で、あなたは新しいアイデアを生み出さなければならないとします。ところが、いくら考えても良い案が思いつかないので、仕方なく寝てみると、翌朝出勤の支度をしているときに急に素晴らしいアイデアが思い浮かんだ。そんな経験はありませんか？

偉業を成し遂げた人の中にも、このような経験をした人がたくさんいたようです。代表的なのがニュートン。万有引力を発見したことで有名ですが、実は引力を発見するその5日前から嫌気がさして考えるのをやめていたそうです。そしてある日、りんごが地面に落ちた場面を見て、引力を発見したのです。

このように私たちの脳はよくできていて、パンク状態のときは絶対に良い案は思い浮かびません。逆にニュートンのように考えるのをやめると、あるとき、その答えを見つけることができるのです。

これは心理学で「スリーパーエフェクト」といわれ、日本語では「仮眠効果」といいます。

例えば、セールスパーソンがいろいろな手を尽くしても説得できなかった相手が、何日か経ってから急に説得に応じることがあります。これはセールスパーソンへの信用がなく、最初は関係ないと思っていたのに、時間が経つにつれ、セールスパーソンに対する信用よりも情報源に対する信用のほうが大きくなり、説得に応じようとしたからです。このタイミングでしっかりクロージングできれば、ほぼ間違いなくモノは売れていきます。

このように、**いくら手を尽くしても落ちない相手は完全に放っておき、時間を置くことが、良い結果をもたらすこともある**のです。

セールスに限らず、異性間でもこのテクニックは有効で、口説き落としたい相手がいて、どうも脈がないなと思ったら、一度時間を置くことをお勧めします。

それが1週間後か、1年後かわかりませんが、今の関係をそのまま続け、再度チャンスを窺うほうが賢いのです。

相手に脈がないのに必死に口説いたりするのは、相手に嫌われるだけですので、ひたすら機会を待つこと。くれぐれも相手に嫌われて、二度と口説くチャンスを失わないようにしていただきたいと思います。

53 多数派意見をひっくり返す

アメリカ映画で、「十二人の怒れる男」という法廷ものの名作があります。12人の陪審員がある被告に対する判決を出すのですが、全員一致で有罪になると思われたところ、ただ一人だけは無罪を主張します。そして他の陪審員たちに、固定観念をなくすように説得し、疑わしい点を再検討するように要求。物語は進み、ついに被告は無罪を勝ち取ることになるのです。

これは「モスコビッチの方略」といい、**少人数であるにもかかわらず、多数派の意見をどうにか切り崩したいと思っているときに使う**手法です。少数派の意見が集団の意見に大きく影響を与える「マイノリティー・インフルエンス」と呼ばれる現象です。

日本の会社は、基本的に右に倣(なら)えですから、このようなテクニックを使う人はきっと少ないでしょう。下手をすればクビになりかねない状態にもなるわけで、基本的におとなしくしておいたほうが保身のためにはいいわけです。しかし、もし本当に間違っていることなら、一途に主張することで支持や共感、応援を得ることもできます。

これは友人から聞いた話ですが、一度、通勤途中に痴漢に間違えられたそうです。その友人はすぐにモスコビッチの方略を思い出し、一貫して無罪を主張し、決してホームから動くことなく、その場で弁護士を呼び、弁護士が相手の女性の親を呼びつける段階までくると、その女性は自分の間違いだと証言を覆したそうです。その友人が行ったことは一つ、**一貫して動じなかったこと、それが全て**でした。もし、彼が下手に警察の誘導で署まで行っていたら、事態は大きくなっていたかもしれません。

このテクニック、実は浮気がバレそうになったときに女性がよく使うものです。女性は男性と違って、浮気の決定的な証拠が出ない限り、絶対に認めません。逆に、男性は女性のちょっとした引っかけで、すぐにボロを出します。これは一貫性があるかどうかの違いで、男性もこのテクニックを身に付けておくべきだと思います。

しかし、使う以上は証拠が出ないようにしなければ、「よくそんなにぬけぬけと嘘をつけたね」と言われ、それこそ修復できない仲になるかもしれませんのでご注意ください。いずれにしても、浮気はしないに限ります。

54 「アンチクライマックス法」でプレゼンを成功させる

ビジネスの場面で、今やプレゼンをするのは当たり前となりました。そして、多くの人はパワーポイントでいそいそとスライドを作り、トークを磨き、言うべき言葉を吟味したりと準備をしています。しかし、どんなに準備をしていても、失敗は必ずあるものです。

プレゼンする側がいくら道筋をきれいに作ったところで、聞き手に合った話し方をしなければ意味がないのです。

ここを意識しておかないと、プレゼンで人を動かすことはできません。

ここで2つのクライマックス法をお伝えします。

クライマックス法……最初に説明してから結論を話す

アンチクライマックス法……最初に結論を言ってから説明に移る

例えば、非常に頭の固いメンバーがあなたのプレゼンを聞くことになるとします。このようなときは、ダラダラと説明から入るのではなく、いきなり結論を切り出すアンチクライマックス法でプレゼンすべきなのです。

反対に、最初からあなたに興味があるメンバーの場合は、必ずクライマックス法で丁寧に、順を追って説明してから、最後に結論を伝えます。このようにプレゼンでは相手を知り、相手に合った話し方をすることが必要になってくるのです。

世界的講演会を主催する団体である「TED」は、プレゼンで有名な講演会を行っています。数多くの著名人もプレゼンをする講演会です。ヴァージン・グループの創始者やオバマ大統領（当時）もプレゼンをしています。プレゼン自体がどんな感じで流れているのだろうかと気になるのであれば、ぜひチェックして勉強してみてください。

もう一つ、浮気はしないに限りますが、もし浮気がばれそうなときは、アンチクライマックス法で言い訳をしてください。決してクライマックス法から入らないように。クライマックス法から入ると、かなり疑われます。なぜなら、通常の否定するときの態度は必ずアンチクライマックス法であり、説明をしてから結論を出すクライマックス法ではないからです。十分ご注意を。

55 両面提示で信頼を得る

セールスでは両面提示（メリットとデメリットの両方を伝えること）をして、しっかりと信頼してもらいなさいと解説している本がよくあります。もちろん正しいのですが、本当に両面提示は必要なのでしょうか？

実は、この両面提示というのはもともと詐欺師が考えたものであり、必ずしも正しい使い方ではないのです。詐欺師が人を信用させるために、わざとその商品の悪いところを伝えるのですが、その悪い点というのは、本当は何でもないようなもので、無理やりひねり出した欠点を伝えるのです。それを聞いた相手は、「まぁ、そんなどうでもいいようなところまでちゃんと伝えて、すごく信用できる人ね」と感じてしまうのです。

何を間違えて真面目に欠点を提示するようになったのかは定かではありませんが、この両面提示というテクニックが、普通のビジネスでは必要性が感じられないことは否めないのです。

セールスパーソンの仕事はセールスすることです。それなのになぜ売れないよう

に、わざわざこちらからマイナス面を見せるのか？　普通に考えると、そんなことは全く必要がないことはわかりますね。

とはいっても、両面提示の効力はやはり多大ですから、あなたには次のような方法で活用していってほしいと思います。

あなたが相手に提示する商品を見てみてください。きっと何かしらの欠点が目につくはずです。ただ、その**欠点に集中するのではなく、ほとんど全く欠点でもないような部分を探してください**。そして、あなたが**セールスをするとき、そのどうでもいい部分を欠点として話す**のです。すると、あなたへの信頼が増します。

このように、技術はしっかりと知識を付けてから試していただきたいと思います。

56
異性を意識させる禁断のテクニック

女性が男性に性的な意識を抱かせるのは比較的簡単です。薄着をしたり、ボディータッチを繰り返したりすれば、よほど鈍感ではない限り、ほとんどの男性はその気になります。

問題なのは、男性の側が女性にどのようにして性的な意識をさせるのかです。タンクトップなんか着て肌の露出をすれば、ただの危険な人になりますので、絶対にそのような間違いをしてほしくないものです。

実は女性の感情を動かすことで、相手を性的に意識させることができるようになります。

どう感情を動かすのか？　それは**「いじる」**ことです。いじられることで、感情は大きく動くようになります。

だが、無駄にいじればいいのではありません。お兄さんが妹をからかうようにいじるのです。これは「ブラザーロジック」と呼ばれるもので、多くの女性はお兄さんのような男性に無意識に性的な意識を持つことが、心理学の世界では、一般的にいわれています。

ここでいう〝お兄さん〟はなにも本当の兄妹のようなものではなく、アニキ的な存在のことです。

お兄さんの特徴といえば頼りになる、いつも心配してくれる、自信がある、自分(妹)の味方である、自分に興味がない、などが挙げられますが、特にここでは自分に興味がないという部分が最も重要なのです。

自分に興味がないと思うからこそ、女性は安心して自己開示できるのですが、お兄さんというのは何かがあったときには、誰よりも心配してくれる味方でもあります。女性は、そんな人に恋愛感情を抱くものです。自分の良き理解者、自分のことをわかってくれる素晴らしい存在、そんなイメージを抱かせられれば、女性はあなたを性的に意識するようになります。

あなたがこれらの事項を確実に遂行し、もし、女性があなたと話すときに恥ずかしがったり、顔色が少し赤みを帯びていたりするのを確認できたら、相手は間違いなくあなたを性的に意識しています。

57 異性を口説くときはこのタイミングを狙え

この世の中、異性は数えきれないほどいるわけなので、いくらでもチャンスがあるといえばそれまでですが、どうしても狙った相手を口説きたい、その人と思いを遂げたいと考える人は多いものです。ストーカーはその極端な例で、さっさと次に行けばいいのに、どうしても一人の人間にこだわってしまいます。

ハッキリ申し上げると、この世界で口説けない異性はいません。

たとえ、どんなにあなたの容姿が優れていなくてもです。**口説きの失敗原因はただ一つ、タイミングの悪さ**です。このタイミングさえ合っていれば、9割以上の確率で相手を口説き落とすことができます。それは相手に交際相手がいようが、家庭があろうが、全く関係ありません。

ここでは「好意の自尊理論」を使いましょう。

好意の自尊理論とは、自己評価の低いときに自分を認めてくれた相手に強い魅力を感じるようになる心理現象のことです。

もし、口説きたい人がいたら、**相手が自分に自信をなくしたり、失恋した後で自己評価が低くなったりしているときがタイミング**です。

プライベートでもビジネスでも、人は必ず失敗して落ち込むことがあります。自己評価が下がると、今まで持っていた恋愛相手に対する条件のハードルも下がります。さらにその不安を解消したくて、周りの人のサポートや愛情を望んでいる状態になるのです。そこで好意を示せば、相手は素直にその気持ちを受け入れてくれるでしょう。

ですから、もし意中の人に恋人や結婚相手がいても、ひたすら友人役に徹し、常に親身になって悩みを聞いてあげたり、いたわってあげたりすることです。

人間は生きていると様々なことが起こります。

恋人が浮気した、結婚相手が不倫した、気になっていた相手に遊ばれたなど、大小の差はあれ、相手の自己評価が下がるようなことは、必ず起こるものです。このようなタイミングをしっかり待ってください。

もちろん、好きな人に恋の相談をされるのはつらいでしょうが、そこはグッと我慢してください。とにかく**ひたすらタイミングを待つ**。それが成功の秘訣です。

58 「特定化の心理効果」であなたから離れなくさせる

小悪魔といわれる女子が存在します。

彼女たちはある意味、男性心理をよく理解していて、これから説明する「特定化の心理効果」をよく心得ているのだと思います。

特定化の心理効果とは、**自分の価値を認めてくれる人間に対して好意を抱く**ことで、例えば相手の要求に対して、一度は断り、その後、少し時間を置いて受け入れるという使い方ができます。

最初に断られると、誘ったほうは気持ちが抑圧されてしまいます。そこで次に「やはりあなたならいいわ」という言葉を投げられたことで、一度抑圧された欲求が満たされ、さらに「あなたなら」と特定されることで自分を特別扱いしてくれた相手に対して、より大きな好意を抱くようになるわけです。いわゆる「焦らし」という戦略です。

銀座の一流ラウンジにいる水商売の女性たちは、この戦略をこよなく愛しています。例えば、相手がお客さんであろうと、より大きな金額を使ってくれた人間しか相手にしません。そうすると、お客なのに相手にしてもらえずにプライドを傷つけられた男性たちは躍起になるわけです。

彼女らはその気持ちをよくわかっていて、そんな男性たちをうまく付かず離れずの距離に置きます。男性が、もう自分の相手なんかしてくれないんだと感じ始めたところに、何気ない一通のメールで「ごめん、ちょっと助けてほしい。あなたじゃないと無理なの」などと送ります。気を良くした男性は今までのことを忘れ、その女性のために一肌脱ぎ、またもやお金が消えていくのです。

このように特定化の心理効果は強力で、男性が別の女性と関係を持って離れたにもかかわらず、後に「やはり君じゃないと無理、よりを戻したい」などと連絡するだけで、女性が許してしまうのもこの心理状態がなせる技です。

ビジネスで使う場合は、**断りを入れてからまた引き受けるというアクションを踏むのですが、この間のアクションはなるべく短めにしたほうが無難**です。

ビジネスの場合、その依頼自体が他の会社に回される場合がありますので、一度断り、その10分後くらいに再度返信することをお勧めします。

59 「座る位置」で心の距離をコントロールする

男女がレストランに入ると、なんとなく席に座っているようで、実際は無意識のうちに自分にとって居心地のいい席を選んでいるということを知っていますか？

一般的な四角いテーブルで相手がどこに座るのかを見れば、その関係性が浮かび上がってきます。

斜め向かいに座っている場合、親密度は非常に低い。

向かい合わせに座っている場合、対等の立場か、デートしてまだ間もない。

お互いが90度に座っている場合、親密度は高く、デートを重ね、体の関係もすでに結んでいる可能性が大きい。

そして横に並んでいる場合、心を許し合っていて、非常に親密度の高い関係と見て間違いないでしょう。

このように座る位置で関係性がわかりますが、この**無意識の領域をうまく使うことで、心の距離をコントロールすることができます。**

力量のあるバーテンダーは、バーに入ってくる男女を観察し、どこの席に案内するのかを考えるそうです。もし、男性が今夜、女性を口説き落としたい様子なら、迷わずカウンターに案内します。隣に座ることで、最初は緊張を強いられますが、お酒が入ることでその垣根は取り払われ、次のステップに進みやすいのです。

逆に、すでに体の関係があると判断した場合、テーブル席に案内し、他人に聞かれたくないような話をゆっくりとしてもらう心遣いをします。

もし、あなたが相手との関係性を向上させたいのであれば、このテーブルの座る位置をよく覚えておいてください。そして、意識的に座るポジションを決めてください。

ただ、間違えてほしくないのですが、初めてのデートでいきなり隣に座るのは、相手のパーソナルゾーンにいきなり侵入するようなものです。そうしたい場合は、バーに行く前に他の店で一緒にお酒を飲むなどし、ある程度、心理的な壁を取り払うようにしておいたほうが無難です。

60 「コントラスト効果」で狙い通りに選ばせる

「コントラスト効果」とは、複数のものが対比されて提示されていると、その中で相対的に見て安価なものを、実際には安くないのに「安い」と感じてしまうような心理のことです。

高齢者を狙った詐欺師たちはこの手法を好み、全国の高齢者をターゲットに二束三文のものを販売しています。

よくあるのが、悪質な布団販売や健康食品販売です。

詐欺師たちが一人の高齢者から5万円をだまし取ろうと計画したとします。店に来てくれた高齢者に様々なプレゼントをして気を良くしてもらったところで、買ってほしいものを取り出します。

「はい、今なら30万円ですよ！」というわけです。

もちろんお金持ちでもない限り、30万円という金額は大きいですから、高齢者はとても払えないと感じます。しかし、いろいろとプレゼントされているので、断ることに非常に罪悪感を覚えるのです。

そこで、待ってましたとばかりに「じゃあ、こっちの商品なら5万円で結構です」と声をかけます。5万円は決して安くはないのですが、さっきの30万円と比べて非常に安く感じるわけです。

これがコントラスト効果です。もし、あなたがビジネスで相手に買わせたいものがある場合には、このテクニックを使ってみてください。

例えば、顧客と取引をする場合、**高いものを提示しておいてから、今度は安いものを提示すると、それを買ってもらえる可能性が高くなります。**

よくある「松竹梅」もこの効果を狙ったものです。上のクラスになるほど金額が高くなりますが、ほとんどの人は竹を選びます。そして、店側も竹を売りたいのです。

これは至るところで使われているテクニックです。

61 キス成功率を高めるとっておきの方法

男性にとって女性をキスに誘うのは一大事であり、最も緊張する瞬間ではないでしょうか？　どうせなら成功させたいですよね？

それならとっておきの方法をお伝えします。

それは**舌出しと三角目線**です。

会話の中にこれらの動作をさりげなく入れることで、相手に性的な意識を植え付け、キスできる確率が高くなります。

女性がペロッと舌を出したとき、ほとんどの男性はかわいいと感じます。しかし、実はかわいいと感じているのではなく、性的に興奮しているのです。

このしぐさは男性も使うことができますが、女性のように出すのではなく、あくまでも舌を唇に這（は）わせるだけにしましょう。ちょうど乾いた唇を舌でぬらすような動作ですね。

もう一つが三角目線。これは相手と話しているときに、相手の右目、左目、唇と順番に見ていくことです。よくセクシーといわれる人たちがいますが、その人たちはこれらの動作を無意識に行っています。そのような人たちと接することがあったら、一度そのしぐさを見てみてください。ほとんどこの動作をしています。

なぜ、このような動作がキスへの成功率を高めるのかまでは解明されていませんが、一説には、人間がキスをする前に必ず行う動作だからではないかとされています。思い出していただければわかるかもしれませんが、確かにキスをする前にはそのような動作を自然に行っています。

実はもう一つ、とっておきの方法があります。

それは**ハッキリと「あなたとキスをしたい」と口にする**ことです。

日本人はどうしても回りくどい言葉を使うので、相手が混乱する場合があります。そこでハッキリと伝えることで、よほどあなたが嫌でなければ、その誘いに乗ってくれるでしょう。逆にこんなふうにちゃんと口にする人は少ないので、内心ではうれしかったりするものなのです。

5章

絶体絶命のピンチから脱出する

62 心理的に追い込まれたら「自己説得」で切り抜けろ

「自己説得」とは、私たちの五感を通して、自らの心の深層に与えるメッセージや説得のことであり、意識的に思考を潜在意識に根付かせようとするものです。

いわゆる「アファメーション」といわれているもので、あなたも一度くらい聞いたことがあるかもしれません。一種の自己暗示であり、「自分はできる」と言い聞かせれば、できるように体が動き、「自分はできない」と思えば、できないように行動してしまうのです。

しかし、知識として知ってはいても、自己説得がうまくできない人は非常に多いのです。これは、自分の中に失敗体験が残っているために起こる現象で、要するに過去の体験に上書きはできないということです。

もし、あなたが何かしらの理由で心理的に追い込まれても、この失敗体験を消さない限り、自己説得は無理ということになります。しかし、実は簡単な自己説得の方法があり、しかもそれはあなたに過去の失敗体験があったとしても大丈夫です。

心理的に追い込まれたときは、まず深呼吸を数回してから、ゆっくりとリラックスし、心理的に追い込まれている状況を忘れるのです。

目を閉じていると不安感はさらに増してきますが、そのような考えさえも浮かばないくらいじっとしてください。自分の呼吸に集中するのもいいでしょう。とにかく、どんな状況であろうと意識を無にするということです。ここでいう自己説得とは、自分はこれを解決できるのだということではなく、**心理的に追い込まれている事象自体を忘れてしまう**ことです。

イギリスの魔術師にアレイスター・クロウリーという人物がいました。彼の魔術は潜在意識の変容をもたらすテクニックだったようです。

そんな彼が魔術の儀式の後、必ず行ったのが「忘却」というもので、魔術によって願ったものを忘れるようにと弟子に伝えていました。忘却は物事の解決に効果的であり、心理的に追い込まれたときに思いつく案というのは、基本的に効率的ではないということが精神医学の世界でも証明されています。忘却というのは、一度心をニュートラルに入れる作業です。何か起こったときには、必ず心をゼロにしてください。次に進むのはそれからです。

63 上司の無茶振りを上手に断る

こちらの仕事を完全に無視して、次々と仕事を無茶振りする上司というのはどこの会社でもいるものです。

無視できるのであれば無視したいところですが、そうもいかないのが世の常。同じ部署に配属されたら、それこそ悲劇としかいいようがありません。

そんな上司の無茶振りに対してやり返す方法があります。思いっきり「好意の自尊理論」を使いましょう。前述したように、好意の自尊理論とは、自己評価の低いときに自分を認めてくれた相手に、強い魅力を感じるようになる心理現象のことです。

上司が仕事を頼んできたとします。あなたはもうすでに手がいっぱいでこれ以上は仕事ができない状態です。しかし、そんなことはお構いなく上司が仕事を押し付けてきます。

こういうとき、**あなたがすべきことは構わずに断ること**です。遠慮はいりません、ハッキリと断ってください。自分の現状を伝えて、できないと言うのです。そして、ある程度自分の仕事が片付いたら、断った仕事を「あなたの頼みならやります」と伝えてください。

そうすると、一度断られたことでフラストレーションが溜まっていた上司は、自己評価が低くなります。他人にイライラさせられるほうが自己イメージの低下となります。そこで、上司はあなたが自分のために一肌脱いでくれたと考えるわけです。こうなれば、次回、あなたが忙しくしているときには、決して無茶な仕事は振ってこないでしょう。

日本では上司の依頼を断るのはなかなか勇気のいることですが、その後にしっかり仕事を引き受けるわけですから、練習だと思ってやってみてください。この機会にハッキリと断ることを練習してみるのもいいのかもしれません。

上司にとって使いやすい人間と使いづらい人間が存在しますが、そのどちらになってもいけません。一番いいのは、いざというときに使いたい人間です。この好意の自尊理論はあなたをそんなポジションに連れていってくれます。

64 第一印象で失敗したら「親近効果」で取り戻せ

第一印象は大切です。初対面であなたというイメージが作られます。もちろん、そこから挽回するテクニックはあるので心配はないのですが、なるべくなら第一印象は大切にしたいところです。

もし、あなたが良い第一印象を植え付けるのに失敗したら、「親近効果」を繰り返してみてください。

まずは、「初頭効果」についてお話しします。物事の最初が記憶に残りやすい、またはインパクトを受けやすいというものです。このように、最初の重要性を表すのが初頭効果であり、最初の接触がいかに大切なものか教えてくれます。

次に「親近効果」。初頭効果とは正反対で、物事の最後に起こったことが記憶に残る、という現象です。**仮に第一接触で失敗したとしても、別れ際にしっかりと相手にインパクトを与えることで、記憶に残りやすくなる**わけです。

このように第一印象に失敗したと思ったら、ひたすら親近効果を繰り返す必要があります。ヤクザはこの方法を熟知していて、店で多少荒っぽいことをしても、最後にはしっかりとお金を包んで店主に渡します。

店主はそうされることで、「まぁ、しっかりとお礼はもらっているから文句は言えないね」となるわけです。このとき、店主にとってヤクザは店に迷惑をかけている客ではなく、ちゃんと自分にお金を払ってくれる気前のいい人間であると映るのです。

異性に対しても同じです。**第一印象が悪かったら、別れ際の印象をしっかり残し、次に会いたくなるように印象付ける**必要があります。

アメリカのカリフォルニア大学の心理実験ですが、初頭効果と親近効果のどちらがより相手に心地良く印象付けることができたかというものがあり、70%以上が親近効果を心地良いと答えました。

終わり良ければ全て良し、映画の終わり方がどうなるかが、名作になるかどうかの分かれ目になるのも理解できるような気がします。

65 夫婦の危機を回避する

「3年目の浮気」なんて曲がありましたが、脳科学の世界でも、確かに3年目に浮気する人が多いことがわかってきています。3年という歳月は、ちょうど熱愛期間が終わっていったん落ち着き、お互いが冷静な目で相手を見ることができるようになる期間とされています。

なかには結婚もして、子供が生まれ、妻が子育てに忙しくなる時期に差しかかることもあり、夫が他の女性に目移りしてしまう危険を常にはらんでいます。こういったケースでは、かつては愛し合った仲なのに、妻はほとんど夫の相手もできなくなっていて、夫の多くは自尊心をなくし、男性としての自信を失っています。

妻は子育てに必死ですから、そうそう夫の相手もできないわけで、ここですれ違いが多く発生してきます。こうなると夫婦の危機が始まるわけです。この危機を回避し、夫婦間の関係を再び取り戻す方法は実は簡単で、**1カ月間、お互いにボディータッチを繰り返すこと**です。

自然に行いやすいのは、お互いに毎日マッサージをし合うことです。

実は、マッサージという行為は心理的にストレスを大幅に軽減することがわかっており、毎日マッサージをし合う夫婦は非常に仲が良く、しかも年収まで高いというイギリスの研究結果が出ています。もちろん、これにはお互いの努力が必要ですが、夫婦である以上、このような努力はすべきなのです。

マッサージを毎日することにより、相手に対して感じる魅力が増幅され、相手の体が愛しく（いとしく）なり、相手に対するストレスがなくなり、相手と会うことが楽しみになってきます。

不倫をしていた男性が、妻と別れて不倫相手と一緒になるという決断をしていたにもかかわらず、妻が、別れることの条件に、1カ月毎日ボディータッチを求めた結果、男性は不倫相手と別れ、妻とヨリを戻したケースもあるそうです。

このように、ボディータッチという行為は人間の心理状態を大きく変容させるものなので、夫婦の間で何か悩んだら、とりあえず手を取り合って、ボディータッチから始めることをお勧めします。

66 別れ話のとき、相手と上手に縁を切る

ニュースなどを見ていると、いまだに男女のもめ事は絶えません。相手を殺した、などという悲惨な事件の多くは、別れ話が原因であることが多いのです。

出会ったころは周りもうらやむような2人だったのに、どこをどう間違えたのか、いつの間にか別れ話になり、どちらかが手を下してしまった。テレビで見る限りでは別世界の話のようですが、実際に殺された人間も、そう考えていたに違いないでしょう。まさか自分が殺されるとは、少しも想像していなかったのではないでしょうか。

男女の問題ですから、別れ話もあるでしょう。でも、別れ話は細心の注意を払わなければ、大変なことになります。しっかり相手とお別れし、相手の気持ちを逆なでしないように気をつけてください。

別れ話のときは、相手が合理化できるような理由を考える必要があります。逆の立場で考えていただきたいのですが、もしあなたが相手から別れ話を切り出

され、いきなり「好きな人ができた」とか「嫌いになった」と言われたら、どういう気持ちになりますか？　きっとあなたは驚き、自尊心がズタズタになりますよね。とても受け入れることはできないし、激怒するかもしれません。

心理学における合理化とは、不安などのマイナス感情から自分を守る防衛機能の一つで、心の安定を維持するために自分に嘘をついたり、自分を正当化したりするようなことをいいます。

相手の心の中で合理化ができるように、別れ話を進めるべきなのです。

まずは「あなたを嫌いになったわけではない」と言い、「今は自分の仕事や夢を追いかけたい、そこに集中したい」など、もっともらしい理由をつけます。

そうすると、**相手は別れるのは自分のせいではない、と別れる理由を自分の中で正当化し、その状況を受け入れやすくなる**わけです。

ただし、あまり見え透いた嘘を言うとバレバレになるので、理由はしっかりと考えておいてください。

67 謝罪の場では必ずこの場所に陣取れ

日本ほど様々な謝罪のスタイルがある国も珍しく、謝罪会見なんてものを大々的に開くのは日本、またはお隣の韓国ぐらいではないでしょうか。謝罪には反感を買う謝罪と、後に支持される謝罪があります。同じ謝るなら、後々につながる謝り方をしたほうが得策です。

人は、謝られることに非常に罪悪感を持ちます。相手が謝った瞬間に、謝られた人の立場は一気に上になり、周りに人がいる場合、急に居心地が悪くなるのです。それでもひたすら謝られると、もういいからと謝罪を中断させようとします。

これは、自分が急にその場の空間を支配することになった心地の悪さを表していて、「空間支配の歪み」と呼ばれるものです。例えば、静かな音楽を聴いていて、急にロックミュージックがかかるとびっくりして、すぐに止めようとしますよね。まさにそれと同じことです。自分は普通にその空間にいたのに、**急に謝られたことで、一気に自分がその空間の支配者となる**わけですから、戸惑わないほうがおかし

いのです。

謝罪するときは、この空間を意識することともう一つ、相手の出口をふさぐことです。出口をふさぐとは、あなたが謝るときに、相手があなたのいる場所を通らないとその場から離れられないということです。

この通さない場所に陣取ることで、相手はあなたの謝罪を受け入れざるを得ませんし、空間支配の歪みを経験していれば、なおさらその場から離れようとします。

こうした抑圧をかけながら謝罪をすると、相手は罪悪感を持ち、しかも空間支配から逃れたいので、あなたの謝罪を簡単に認め、許さざるを得ないのです。

68 怒っている人を一瞬で冷静にさせる

目の前に逆上している人間がいるとします。あなたなら、その怒りをどう静めますか？　話し合い？　それとも、じっと怒りが静まるのを傍観しますか？

正解は、あなたがさらに怒ることです。

普通、逆上した人がいたら近づかないし、なるべく関わらないようにするものですが、そうやって無視されると、怒っている本人は余計に腹が立つわけです。

しかし、いきなり目の前に自分より怒っている人がいると、人はハッと我に返り、一瞬で冷静になります。これはもともと人間に備わっている能力で、危険を瞬時に察知するものです。

アメリカのドッキリ番組で、言い合いをし、今にもケンカをしそうな人たちの隣で急に仕掛け人が一人で怒りだすシーンがありましたが、どの人も急にケンカをやめ、一瞬で冷静になったのを覚えています。

太古の昔、人間が外敵から自分たちを守るためには、危険を察知しなければならず、この反応は遺伝子レベルで受け継がれているのです。

もしあなたが誰かに責められたら、ひるまずに責め返してください。

もし誰かに脅しをかけられたら、迷わずに脅しを返してください。

もし誰かに責任を押し付けられたら、押し付け返してください。

どれも、それぞれ相手があなたに行うよりも大きく、倍返しくらいでちょうどいいのです。

「窮鼠（きゅうそ）猫を噛（か）む」という言葉がありますが、一度鼠に噛まれた猫はおとなしくなります。日本人は世界的に見てもおとなしいといわれている人種ですが、これを習慣化すれば、さらに国際社会で活躍できるようになるかもしれません。

69 組織ぐるみで追い込まれたら一人ずつ対処しろ

フランスでは「3人集まればケンカが始まる」というように、組織にいると気に入らない人間や関わりたくない人間、気の合わない人間が存在するものです。人間はグループに属しているか、単独で動くかのどちらかしかありません。みんなといるほうが安心できる人もいれば、一人で行動するほうが安心という人もいます。

どちらにしても、人間関係がうまくいかなくなると、組織の中で孤立してしまい、さらに精神的に追い込まれることは間違いないようです。

しかし、そうした追い込みをかけるメンバーには必ずリーダーが存在し、そのリーダーはあなたが嫌いで、他のメンバーをそそのかしているだけなのです。

つまり**追い込まれても**、**本当の敵は一人**だということです。

これがわかれば、その**リーダーを取り巻くメンバーを一人ずつ落とせばいい**のです。

やり方は簡単、メンバーの一人一人に「リーダーの誰々はあんたのことが嫌いって言ってたよ」と言うのです。

こういったリーダーを取り巻くメンバーは、自分に利益があってこそつるむのであって、どちらかといえばリーダーに対する恐怖によって支配されていることが多いのです。そこに「実は、リーダーはあなたのことが嫌い」という言葉が入るとどうなるでしょうか？ そう、メンバーの中に猜疑心が生まれます。

この猜疑心の種を植えれば、あとは勝手に育ってくれます。恐怖によって支配された間柄では、この猜疑心は強烈な力を発揮します。非常に破壊的です。

こうして一人一人のメンバーに種を植え付けると、リーダーから徐々に離れていく人が続出します。

最初の数人が離れれば、あとは加速度的にグループは崩壊し、あなたに対しての攻撃はやむでしょう。

マフィアが抗争を仕掛けるときによく使う手口であり、「言葉は銃より強い」というイタリアン・マフィアの言葉通りです。

やられたらやり返す。おとなしく引き下がったら負けです。

70 足を引っ張ってくる相手を自然に遠ざける

妬み、嫉みというのは恐ろしいもので、生きていると必ずあなたに嫉妬する人が現れます。ましてや、あなたに才能がある場合は、その出現率は飛躍的に高まります。

足を引っ張る人間の多くはコンプレックスを抱えており、自信がないからこそ足を引っ張るという手段に出るのです。もし、あなたが誰かに足を引っ張られたら、その人のコンプレックスを利用してうまく遠ざけてください。

コンプレックスといってもいろいろな種類がありますが、ここでは劣等コンプレックスを利用します。

例えば、あなたの語学力に嫉妬して相手が足を引っ張る場合、あなたは相手の語学力の低さに攻撃を仕掛けるのです。

「へぇ、こんな簡単なこともわからないんだ」

「それでよく英検に受かったね、ラッキーだったね」

など、**相手が言ってほしくないことをあえて言葉にする**のです。

相手は自尊心がボロボロになりますが、重要なのはここからです。**人間は自分の自尊心を傷つける人に近づこうとしません**。一刻も早く離れたいのです。ですので、あなたがそういった存在になると、相手はあなたに近づかなくなりますし、離れていきます。

過去にナチス・ドイツで行われた実験では、刑務所の独房に入れられた囚人に一日中、自尊心が傷つく言葉を投げかけて、何日耐えられるかを測定したそうです。すると、わずか3日で囚人は鬱になり、髪の毛は白髪に変わり、1週間後には精神に異常をきたしたそうです。この場合、囚人は逃げることができないため、一方的な攻撃に晒された状態でした。

このように、相手のコンプレックスをストレートに攻撃することにどれだけ威力があるか、おわかりいただけましたでしょうか?

このテクニックを普通に使えるようになると、あなたの足を引っ張る人間は皆無になりますが、あまりやりすぎると、ただの性格の悪い人として周りに見られるので、「ここぞ」というときに使ってみてください。

71 裏切りには裏切りを！悪魔の倍返し心理術

裏切り者というのはいつだって存在します。信用していたのにお金を根こそぎ取られたとか、信頼していたのに違う人を選んだとか。ビジネスに限らず、男女間でもプライベートでも、裏切り行為は横行しています。

もちろん、常に気を付けていれば済むことですが、信頼を寄せている人を疑うというのもいかがなものかと思うからこそ、意外なところで裏切られたりするのです。

人が裏切られたときの反応は、相手に対して怒るか、失望するかのどちらかです。

ただ、そのままやられっ放しというのも気が済まないと思いますので、ここで一つ、とっておきの方法をお伝えします。

裏切られたら、相手を許して、優しく接してあげてください。

「はぁ？」と思われましたか？　実は、この許しは演技です。

この演技により、相手の中に「認知的不協和」が起こります。

認知的不協和とは、二つの矛盾した認識を抱えたときに起こる、心理的緊張状態です。

相手はあなたを裏切り、あなたに怒られて失望されると思っています。しかし、あなたは逆にそれを許し、「人間生きていればそんなこともあるよ」と相手を諭し、優しく迎えるわけです。すると**相手は怒られるはずが、怒られず、逆に優しくされたという事実の間の不協和を、頭の中で感じる**わけです。では、この状態で何が起こるかというと、相手はもう二度とこの人を裏切ってはいけない、こんなに信頼を寄せられる人はいない、と感じ始めるのです。

そのような状態になると、あなたの言った言葉を全て信用するようになります。そこまでくれば、あとはどのタイミングで裏切り返すかはあなた次第です。

実は、宗教にハマる人の心理はこれに似ています。

つらいことがあり、それは自分のせいかもしれないと自分を責めたとき、「違うよ、神様はあなたを愛しているんだよ」と言われることで、自分の中に認知的不協和が起こるのです。そして、その事実の辻褄（つじつま）を合わせるために、その宗教にのめり込んでいくわけです。

72 「ノーシーボ効果」を使って二度と浮気をさせない

男女のもめ事で最も多いのは浮気問題です。夫婦になるとお金の問題も絡んできますが、基本的には、浮気が一番にクローズアップされます。

浮気は男の特権のようにいわれていますが、女性もなかなかしたたかな浮気をするものです。

どちらにしても、浮気をされるほうはいい気分はしないもので、そのまま許すのは癪だし、なんだか自分だけが損している気分だし、かといって自分も浮気すればいいと考えるのも、同じ土俵に上がるようで腹が立つわけです。

こういうときは、「ノーシーボ効果」で許してあげましょう。

ノーシーボ効果とは前述したプラシーボの反対の効果のことで、中性であるはずの刺激が有害な効果をもたらすことです。

例えば、害のない砂糖をカプセルに入れて「これは猛毒です」と伝え、相手がそれを信じて飲み込むと、その通りに反応する可能性があるということです。プラシーボ効果の逆ですね。

相手が浮気をしたら、真っ先にこう言ってあげてください。

「相手と金輪際、一切の連絡を取らないこと。見つけた瞬間に有無を言わせず別れます」と。

当たり前のように感じますが、**浮気相手に連絡を取る＝妻が自分と別れるという条件付け**をしたわけです。そうはいっても、突然一切の連絡を取らないことはまずないと、当人もわかっています。わかってはいますが、このノーシーボ効果で、連絡＝別れるという図式が成り立つわけですから、連絡を取ることがだんだん恐怖になり、隠れて連絡すること自体が億劫になってきます。

これは呪いのからくりと似ていて、迷信や呪術もこのノーシーボ効果によるものです。アメリカのカリフォルニア大学サンディエゴ校の心理学者たちの研究では、中国では4という数字が不吉とされ、まず4階というフロアが存在しないし、毎月4日には心臓病で亡くなる人が28％も多くなるとのデータが出ています。

信じるも八卦、信じないも八卦、とにかく浮気はしないに限ります。

73 他人を攻撃せずにはいられない人の共通点

学校のいじめ、会社でのいじめ、グループのいじめ。今やママ友のあいだでもいじめが横行している世の中です。

ところで、なぜ人は人をいじめ、追い込もうとするのでしょうか？

実は、いじめに加担する人、いじめの主犯格の人、どちらにも共通の特徴があります。それは**気が小さい**ことです。つまり小心者だということです。

「えっ、まさか？　あんなやつが小心者なんて考えられない」とあなたは思ったかもしれませんが、本当なのです。

人間が生きていく上での「欲求の階層説」というものがあります。欲求にはより低次元で基本的な欠乏欲求と、より高次元で上位レベルの成長欲求というものがあります。

欠乏欲求には生理的欲求、安全欲求、社会的欲求、承認欲求があり、成長欲求には自己実現欲求があります。この自己実現欲求以外は低次元とされ、**いじめや心理**

的な追い込みをする人は、特に社会的欲求と承認欲求が不足していると考えられています。

これらの行為を行う人は愛されることを欲し、どこかに所属していたいという願望が強く、価値ある存在として認められたい、尊敬・尊重されたいと考えているのです。そして、現状がその通りでないと、それに代わる手段で感情を満たそうとします。それがいじめです。

このように考えると、いじめる側の心は非常に臆病であることがわかります。

ある軍の実験で、自分より弱いと見せかけた人間に対して攻撃をさせ続け、被験者が調子づいたときにいきなり反撃をされるとどうなるかをテストしてみたそうです。

結果はなんと、被験者全員が戦意を喪失したそうです。

この実験でわかるように、**いじめや心理的な追い込みをされたら、迷わず反撃に出ること**です。すると、相手は二度とあなたに手を出さなくなります。

まさに、「攻撃は最大の防御」です。

74 相手の反論に対抗せず自分の主張を通す

3人以上集まれば、当然、意見も食い違ってきます。ましてやそれ以上の人数になると意見が合うわけもなく、もし会議で意見が一致したのであれば、それは全員が一致したのではなく、誰かが譲歩した結果だと考えて間違いはないでしょう。

例えば、あなたがプレゼンで、あるアイデアを提案したとします。そのアイデアを聞いた上司や上役の人たちの反応が芳しくなく、しかも数人は異議や反論を唱え始めた。そんなとき、ムキになって反論すると相手の反感を買うのは必至で、まず間違いなくそのプレゼンは頓挫します。

では、どうすればいいのか？

こういうときは、**自ら自分の非を認めましょう。**

実は、反論されている状況において、**自分の主張を通したいときは、自分にも非や間違いがあるように見せかけることで、状況は有利に働く**ようになります。

「……あなた方が言っていることに間違いはないでしょう。しかし、私はこのように考えています。もちろん、私の意見や考えにも間違いがあるかもしれませんし、不十分な点があるかもしれません。それを皆様のご意見でカバーしていただければと思います……」

このような言葉で結ぶと、あなたに対する相手の反感が薄らぎ、しかも「皆様の意見でカバーをしてほしい」という言葉で相手の自尊心をくすぐることができるのです。

アメリカのプロ交渉人は、必ずといっていいほどこのテクニックを使用します。犯人との交渉の中で、自分にも非があると伝え、相手との妥協点を探るふりをしつつ、相手の油断を誘い、人質の解放や事件の解決を図るわけです。非常に使いやすく、効果も絶大なテクニックですので、活用することをお勧めします。

75 浮気がバレたと思ったら一貫性を貫け

男性の浮気はバレるのに、なぜ女性の浮気はバレにくいのか？

よく女性は勘が働くといいますが、あながち間違いではないのです。

女性は子供を産むことができます。ただ、生まれてきた赤ちゃんは約1年間、言葉を発することができませんから、母親は赤ちゃんの表情から気持ちを読み取るしか手立てがないのです。つまり、女性には、赤ちゃんのちょっとした変化も見逃さないような読心術が遺伝子レベルで刻み込まれています。だから男性が浮気をしたとき、その変化がわかるのです。

一方、男性は狩りをするだけだったので、細かい表情を見分ける必要はなく、女性の変化に気がつかないのです。髪型を変えたのに、なんでわからないの？　という女性の発言からも、そのことがよくわかるのではないでしょうか。

もしあなたが男性で、浮気がバレた、もしくはバレそうになったらどうしますか？

きっと多くの男性が浮気を認め、相手に謝罪をすることでしょう。

しかし、ちょっと待ってください。実は多くの女性は確証がないまま、カマをかけていることがほとんどなのです。

女性は限りなく黒に近いと感じてはいるのですが、その確証がない。だからこそ、「私に何か言うことない？」とか「何か隠し事してない？」と聞くのです。もし確証を完全につかんでいたら、いきなり怒鳴られるか、ある日、家に帰ると一切の荷物がなくなっているという事態になります。

こういうとき、「完全なる一貫性」を使ってください。どんなに黒だとしても、あなたの口から認めない限り、それは黒にはなりません。あなたが一貫性を貫き通し、知らぬ存ぜぬの一点張りでいけば、**相手はもしかしたら自分の考え過ぎではと自分を疑い始めます**。ここまできたらしめたものです。女性の多くは、男性がすぐに認めることを知っています。しかし、その考えが覆されると、途端に自分の考えに自信を持てなくなるのです。

もちろん、これは確証のない段階での話。探偵を雇ってすでに写真を撮られたり、証拠をつかまれたりしているのに一貫性を使っていたら、しらじらしい嘘つきと思われ、さらに状況が悪くなるのでご注意ください。

では、あなたが女性で、浮気がバレたらどうするのが一番いいのか？　実は女性の場合は、男性の責任にすればいいのです。

「あなたが構ってくれなかったから寂しかったの」「私も浮気なんかしたくない、でもあなたからの愛を全く感じなかったの」などと、浮気をした責任を男性側になすり付けます。男性は競争社会に晒されており、基本的には自分の行動が結果を及ぼしていることを理解しているものですから、彼女の浮気の原因が自分にあると意識付けされると、途端に自分の悪かった部分を捜そうとします。その心理を大いに利用するのです。

ただし、ここで浮気を推奨しているわけではありません。あくまでも、浮気がバレたとしても、しっかり本命との関係を継続させるための方法だということを覚えておいてください。

6章

大嫌いな相手に反撃する

76 上から目線の同僚を「習慣指摘」で蹴落とせ

先輩や上司ならいざ知らず、同期であるにもかかわらず、例えば名門大学の出身者などには、自分のほうが賢いと勝手に考え、上から目線で接してくる人間がいます。

放っておくのが一番ですが、こういう輩(やから)はこちらが黙っているとどんどん調子づくので、最初から鼻っ柱を折っておいたほうが後々安全です。

ここでは「習慣指摘」を使いましょう。人間には必ず癖があり、その癖の多くは小さいときから身に付いた習慣なので、直すことはなかなか難しいのです。

これはビジネスの場面でも同様で、例えば、プレゼンをするときの「ええと」や「えー」などの語尾を伸ばす癖、会議中にペンをカチカチ鳴らす行動など、全て習慣化されたものです。そして、前述の行動の多くは、緊張を和らげるための無意識の行動です。この**習慣をあえて指摘してあげる**のです。

「あのプレゼンかなり良かったよ。でも、話の合間でいつも『えー』とか間延びし

ている言葉を使っているけど、あれは絶対にやめたほうがいいよ」などと注意してあげてください。

すると相手はあなたの注意を受け入れ、次回はそうしないように意識するわけです。

しかし、この**無意識の行動を意識しだすと、人間は途端に他のことに対応できなくなります。**特に、この語尾を伸ばす行為は緊張を解きほぐすものなので、もしも相手があなたの注意に耳を傾けた場合、プレゼンの中で緊張を和らげる動作ができなくなるため、頭が真っ白になり、プレゼンどころではなくなるのです。

ゴルフや野球でも、こうしたほうがいいよというアドバイスに従ってフォームを変えると、途端にスコアが伸びなくなったり、ボールが打てなくなったりするのも同じ理由です。

77 「虚偽記憶」でライバルに差をつける

どこの世界にもライバルはいるものですが、ライバルがいるからこそ成長することもできるわけで、決して悪ではないのです。本当ならお互いが尊重し合い、ぶつかるときは全力でぶつかり合う、そんな関係ができれば素晴らしいのですが、なかなかうまくいかないのが世の常です。

そんなライバルの存在に嫌気がさしているなら、自滅してもらいましょう。

ここでは「虚偽記憶」というものを使います。虚偽記憶とは歪められた記憶や、実際に起こっていない想像上の出来事の記憶のことです。つまり、偽物の記憶です。

アメリカの認知心理学者エリザベス・ロフタスが行った実験で、グループを2つに分けて交通事故の映像を見せ、一方のグループには事実通りの質問をし、一方のグループだけに、「青い車が、信号の手前で止まっていた白い車を追い越すところを見ましたか？」と情報の内容が誤っている質問をしました。

すると、多くの人が「実際に見た」と答えたのです。

このように、**人は誤った情報を与えられると、記憶の正確さが半分ほどになってしまう**ことが証明されています。

例えば、あなたとライバルがある案件で争っていて、ある不動産をどうしても先に購入しなければならないとします。あなたはライバルに、不動産に関する真実の情報を流した上で、「今回は手を引くよ。どうやらこの不動産は抵当に入っているらしい」と言い、演技をするのです。

相手は半信半疑ながらも、もしかしたら本当なのではという猜疑心を持ちます。そうなると、見るもの、聞くものは全て猜疑心から見るもの、聞くものとなり、想像上の記憶が上塗りされていきます。もちろん相手もしっかりと調べるでしょうが、虚偽記憶に苛(さいな)まれている時間はこちらのものですので、相手が決断を鈍らせているうちに案件を決めてしまいましょう。

植え付ける虚偽記憶は、8割の真実と2割の嘘です。全部嘘だとすぐにバレてしまうのでお勧めしませんが、この割合なら、例えば相手から「嘘の情報を流された」などと因縁をつけられても、そのほとんどは本当の情報であるため、嘘をついていないとハッキリと言えるのです。

78 嫌いな上司を「嫌悪療法」でおとなしくさせる

会社内で大きな声を張り上げ、自分がまるで王様にでもなったかのように威張り散らす上司がたまにいるもので、正直何とかしたいというのが本音ではないでしょうか？　大した仕事ができるわけでもないのに、と思うのはみんな一緒ですが、誰もなかなか止めることができないのが現状です。

この場合、「嫌悪療法」で対処しましょう。

嫌悪療法とは、不適切な思考や行動をしないようにすることを目的とした心理療法で、相手の思考や行動を嫌悪するように条件付けするものです。

代表的なものでいえば、タバコを吸うと気分が悪くなる、またはおいしくないと思わせる薬を与えることで、タバコを嫌いになる、という条件付けを行うもので、人間は危険を避けるように進化するので、この療法には効果があるのです。

では、威張り散らす上司に対しては、どんな嫌悪療法を施せばよいと思いますか？

それは**低い周波数を出す**ことです。

普通の人間に聞こえるのは20Hz（ヘルツ）から2万Hz程度といわれています。20Hzより低い音は聞こえないのですが、気分が悪くなります。

お化けが出ると噂されるような場所には、この周波数が流れていることが多いのです。この周波数で幻覚を見て、幽霊を目撃したという人も多くいます。

スマホでこのような周波数を出すアプリがありますので、**上司が威張り散らし始めたら、すぐにアプリを起動**してください。こうすると上司はパブロフの犬のように、威張り散らす＝気分が悪くなるという図式が成り立つようになるので、徐々に威張ることができなくなります。

79 モンスタークレーマーを「了承と同意」で黙らせる

クレーマーを黙らせる、というと、まるで力でねじ伏せるようなイメージがあります。しかしそんなことをすれば、火に油を注ぐ状態になってしまいます。しっかりしたテクニックを身に付けて回避したいところです。

今は消費者の口コミ時代ともいわれ、SNSなどですぐに噂が拡散するので企業側は気を抜くことができませんが、どんなにしっかりしたサービスを提供しても、難癖をつけてクレームを言ってくる常習犯のような人たちがいるものです。

そういうときに使いたいのが、「了承と同意のテクニック」です。

クレーマーの気分を損ねないように、「大変申し訳ございません」や「おっしゃる通りです」を連呼してしまいがちですが、そんな言葉は相手にとって格好の餌ですからやめてください。相手がどんどん調子に乗ってきます。

もちろん、話を聞くことは重要です。最初の一言目くらいは謝罪の言葉があってもよいでしょう。

しかし、こちらとしては相手の了承と同意の言葉を引っ張り出す必要があります。

「お客様のおっしゃるこの部分は、このようにご理解いただけると思いますが、いかがでしょうか？」

「この部分はこのように理解しておりますが、大丈夫でしょうか？」

など、相手から「うん、そうだよ」といった了承や同意の言葉を引っ張り出すわけです。

こういった**小さな了承や同意の言葉を相手から引っ張り出すと、相手が持っていた怒りの感情は徐々に沈静化**していきます。

アメリカの警察機関には人質交渉を専門としている人たちがいますが、このテクニックは交渉時の基本中の基本です。

ケビン・スペイシー出演のアメリカ映画「交渉人」という映画は、交渉術が最も忠実に再現されています。本編の中でもこの了承と同意の言葉を引き出すシーンが随所に見られるので、ぜひ一度観てみてください。

80 恋敵を去らせ、意中の相手を手に入れる

好きになった人が人気者だったり、モテる人だったりすると、心配であると同時に、ライバルの存在が気になるものです。

なんとかこちらを振り向いてほしい、とは誰しも思うことですが、恋敵（こいがたき）がもし自分より上だと感じたりすると、かなり気持ちが落ち着かなくなります。

こういうときは、恋敵に去ってもらいましょう。

実は、非常に簡単で効果的なテクニックがあります。それはライバルの知覚的バイアスを利用するということです。

ライバルはもちろん、あなたと同じように相手を好きなのですから、顔がいい、声がいい、性格がいいなど、相手を好きになる部分が共通しているはずです。

ここで相手のバイアスを崩すのです。

例えば恋敵と話す機会があり、好きな異性の話題が出たとします。

恋敵から、「顔が好き」という話が出たとしましょう。そこで、すかさずあなた

は「うん、そうなんだね。でも顔といったら絶対○○だよ、性格も超優しいし」と、他の人のことを話すわけです。

性格の話が出たら、「うん、そうだね。でもさ、この前○○にすごくリードしてもらって……」などと、やはり他の人のことを話します。

ここでポイントですが、**決してその好きな人を否定するような言葉を口にしないこと。あくまでも他の人のほうがもっと良かったと話す**わけです。

知覚的バイアスは、簡単にいえば偏見の一種で、相手をどう見るかは、その人の持つ偏りによるものです。つまり、ここでは**恋敵の相手に対する見方の偏りを別方面に修正する**ということです。

自分の好きな人を否定されると、人間は必ずそれに反対する感情を持ちます。このような感情を「ロミオとジュリエット効果」といいますが、ここでは否定するのではなく、あくまでも実はもっといいものがあるという「隣の芝生はもっと青い理論」を打ち出しているわけです。それによってライバルは好きな人に対するバイアスが取れ、興味をなくす可能性が高くなります。ただし、バイアスを取る作業で、あなた自身も好きな人に対する興味をなくす場合がありますので、ご注意ください。

81 「逆ホーソン効果」で相手のやる気を削ぐ

ライバルという言葉は、いい意味にも悪い意味にも取れるものです。切磋琢磨して自分が成長するために存在するので、本当は必要といえば必要なのですが、ときにはそのライバルがいるために自分の実力が発揮できず、ストレスに苛まれる事態になる可能性もあります。

ここでご紹介する心理術は、あまりにも黒すぎるので、できればあまり実践してほしくないので、やむを得ない場合にのみお使いください。

その方法とは「逆ホーソン効果」です。

前述したように、ホーソン効果とは、誰かに観察されていると人は行動を変えるという現象です。これはもともと労働者は褒められるだけで生産性が上がるというもの。ここではまさにその反対のことをするのです。

例えば、ライバルが何かの企画を考えたとします。あなたがその企画を横取りしたい場合、ライバルに「ゆっくりやればいい、上司も誰も急いでいないみたいだよ」と伝えるわけです。

すると、監視がない状態では人間は努力しなくなりますので、ライバルは手を抜き始めます。その間に、あなたはどんどん企画を仕上げてください。そしてライバルより先に企画を提出してしまいましょう。

これはイギリスで行われた実験ですが、監視カメラの付いた教室と付いていない教室では、付いているほうの教室のテストの点数が、平均34点も高かったそうです。

このように、**人間は誰かに見られているとしっかりするのですが、見られていないと思うだけで力を抜いたりします。**

これは空間にも当てはまることで、よく車の中で鼻をいじったり、大声で歌ったりしているのを見かけることがありますよね。あれは逆ホーソン効果で、外から見られているにもかかわらず、車という特殊な固有空間があるため、自分は誰にも見られていないと勘違いするために起こる現象です。

逆ホーソン効果は、じわじわと相手の首を絞めていくような感覚です。本当に必要な方のみ試してみてください。

82 調子に乗っている部下を手のひらで転がす

組織に属して数年が経つと、誰もが部下を持つようになります。組織を運営していくためには必要なことであり、部下を育てるのも仕事の一つに入るわけです。しかし、人というのは扱いが難しく、甘やかすと仕事をしなくなるし、あまり厳しくすると協力的ではなくなります。

特に、部下のほうが学力が高い場合は、自分のほうが上司よりも頭がいいと考えて、上司の出す指示にケチをつけたり、ブツブツと陰口をたたきながら嫌々仕事をしたりします。表面上は従いますが、内心では上司をバカにしているのです。

このような調子に乗った部下には、「ピグマリオン効果」が効きます。

ピグマリオン効果とは、前述したように、期待の言葉をかけることで生産性を上げるというもの。期待の言葉をかけるのとかけないのとでは、成績の良し悪しまで変わってくることが、すでに1964年にサンフランシスコの小学校での実験でも証明されています。

調子乗りの部下は、基本的に認められたいという願望が強いものです。

自分のほうが頭がいいとか、自分のほうが仕事ができる、と考える人間は、ほぼ間違いなく承認欲求が強く、とにかく認められたい、こちらを見ていてほしいと考えるわけです。

あなたがそんな部下を手のひらで転がしたい場合、**必要なのは彼らを褒めること、そして自分を卑下した言葉で接してあげる**ことです。

「いや〜、さすがだね。私のできないようなこともそつなくやっている」

「本当に、君はなんて賢いんだ、さすがとしか言いようがない」

などの声かけをするだけでいいのです。

相手は自尊心がますます高くなり、自分の能力の高さをさらに証明してみせようとします。そして、意外と思われるかもしれませんが、このテクニックを使用すると、部下は自分の力を認めてもらえていることが心地良くなり、自然と認めてくれる上司を慕うようになるのです。

まるで幼稚園児を扱うようなテクニックに感じられますが、大人になっても人の心は子供のまま、そんなことを思わせてくれる心理術でもあります。

83 どうしても嫌な相手を遠ざける

人間は生きているだけで必ず敵が現れます。

あなたがどんなに人がよくても、どんなに人に優しくしていても、そんなことはお構いなく、必ずあなたのことを嫌う人が現れます。そして逆も然りで、あなたがどうしても生理的に受け付けない人、どうしても嫌いな人が目の前に現れるものです。

そんな人が同じ会社にいたり、同じ部署に所属していたりすると、大変なストレスを抱えることになります。毎日イライラしたり、その相手のことが否定的な気分で気になったりして、仕事どころではなくなってしまいます。

そんなときは、その人をあなたの思い通りに動かしましょう。かなり悪魔的なテクニックですし、相手の人生を変えてしまうほどのものですから、十分に注意をしていただきたいと思います。ここでは「ノーシーボ効果」を使いましょう。

前述のように、ノーシーボ効果はプラシーボの反対で、害のない錠剤を毒薬だと思い込ませ、それを服用することで、実際に毒の作用を及ぼすものです。

あなたの嫌いな人に話しかける機会をつくり、このように言ってみてください。

「最近、部長がずっとあなたのことで陰口を言っているらしい。何もなければいいけど、気をつけてね……」

「部署全体がすごく空気悪くない？　この前、誰かがあなたのことを悪く言っていたよ。安心して、私は味方だけど、気を付けてね……」

そんな言葉をかけると、相手の中で自然とノーシーボ効果が働きます。

なんでもないことを悪く感じたり、誰も文句を言っていないのに、まるで自分が言われているかのように聞こえたりするのです。そして、唯一の味方であると思い込んでいるあなたに相談をしてきますので、あとは好きなように、部署を異動したほうがいいなどと吹き込めばいいのです。

こうしたことは、実際の呪いの現場で行われています。その証拠に、呪いは自分が呪われていると知らなければ、その効果はなく、反対に知ることで、呪いの効果が発揮されるのです。

本当に呪いは存在しますが、決してオカルト的なものではないということです。

84
絶対に悪用してはいけない禁断のマインドコントロール術

マインドコントロール術は、様々なカルト教団や犯罪で使われるテクニックです。
マインドコントロールというのはなかなか表には出ないものですから、多くの方にとっては未知の技術と思われますが、実は無意識に行っている人も結構いるのです。

例えば、ある種のDVでは、妻に対して常に否定的な言葉を浴びせる夫がいます。マイナスの言葉を浴びせられ続けた側は、自尊心をなくし、自信を喪失します。結婚という閉鎖的な環境において、妻は逃げ場がなく、一人で孤立してしまいます。そんな中で、時折夫が見せる優しい言葉がとてもうれしくなり、徐々に夫のその一瞬の優しさのために、依存を始めるのです。

他人から見れば早く別れればいいのに、と思えますが、本人にとっては夫がいつも優しくないのは自分のせいであると感じているので、自分がしっかりすればいいのだと考えてしまうわけです。

この事例は特殊で、家庭内DVは絶対に避けなければなりませんが、**嫌な相手がいる場合、まずはその人の環境を孤独なものに変える**必要があります。孤立させ、マイナスの言葉をひたすら浴びせることで、追い込むことができるのです。

まずは孤立させるというアクションについてですが、これが意外と簡単で、嫌な相手の知人や友人について調べ、接近を試みます。そして嫌な相手が、その知人や友人についてあまりいいことを言っていないと警告しておきます。

もちろんそれは嘘なのですが、効果としては十分。あとは放っておいても周りはあなたの嫌な相手から離れていきます。その瞬間を見逃さず、相談に乗るふりをして嫌な相手に近づき、相手の悪いところを親身になって忠告するわけです。ポイントは、**あなたが唯一の相談相手であるかのように演じること**です。

多くの事例にあるように、人間は信用する人が一人いると、その人に依存します。誰しも自分の選択が間違えているとは思いたくないのです。

あなたがそのポジションを取ることができれば、あとはやりたい放題です。このテクニック、今まで日本を震撼させてきた数々の犯罪者が、人を支配したり、監禁したりするために使ってきたものですから、取り扱いには十分ご注意ください。

85 理想を共有して嫌いな取引先を利用する

人を洗脳するときはまず、理想描写から理論提供、次に現状把握から目標設定、最後に支援表明という流れを取ります。

気に入らない取引先はとことん洗脳して、自分の思い通りに動かしましょう。

相手に近づき、理想の世界をイメージさせ、アクションを起こせば実現できると説明する。これが「理想描写」です。

相手がもし理想描写に自信を持っていない場合、別の理論や方法があると説明することで相手をその気にさせることを「理論提供」といい、相手がその気になったときのことを「現状把握」といいます。把握をした上で共に進んでいくのが「目標設定」で、それに対するお手伝いは必ずしますというのが「支援表明」です。

このような流れで行うことで、取引先はあなたについて、とても誠実でやり手であり、しっかりした人だという認識を抱いてくれます。たとえそれがあなたにとって気に入らない相手でも、です。

人間なら誰しも苦手とする取引先や人間はいるものですが、嫌だからと仕事をしないわけにもいかないでしょう。気持ちを込めなくても、この手順を踏めば相手はいろいろと動いてくれるようになりますので、活用してみてください。

ちなみにこのテクニックは、あのオウム真理教の上層部のマニュアルにも掲載されていたようで、実際のカルト教団の教科書的な基礎知識にもなっています。

1978年、ジム・ジョーンズに導かれた宗教団体・人民寺院で、信者を含む900人以上のアメリカ人が集団自殺したことは非常に有名な事件で、ここでも1000人近い人にこのテクニックを使用し、洗脳を行い、最悪な結果を出してしまったのです。

この事件からも、このテクニックが非常に有効であり、人を死に至らしめることが可能なくらい力があることがおわかりいただけると思います。あなた自身が悪用されぬようご注意ください。また、くれぐれも悪用のないようにしていただきたいものです。

86 性格の悪い相手の本性をあぶり出す

相手を平気で陥れたり、他人の彼氏や夫を横取りして、手に入れてしまえば興味をなくし、相手の人生をめちゃくちゃにしても平気でいる性格の悪い女性がいるものです。会社内でも小悪魔ぶりを発揮して、男性社員のペースを乱し、そんな状況を楽しんだりしています。

そんな女性は、一度地獄を見せるとおとなしくなるかもしれません。

ここでは「妄想思考」を植え付けることで、周りからの信用を一気になくさせる方法を取ります。

妄想思考とは言葉の通り、**ありもしないものを妄想させ、相手に混乱をもたらす**もので、政治の裏社会ではよく使われる手法です。次の方法は、あくまでもわかりやすくする誇張した例として説明します。

まず、気に入らない女性がいたら、その人の机に男性からの偽ラブレターを置いておいてください。名前は書かず、イニシャルを書くわけです。会社内でも権力のある人のイニシャルを書いてください。それを見た女性は、必ずその権力のある男性が自分のことを気になっていると思い込みます。最初は警戒するかもしれませんが、何度も愛を告白する内容を送ってください。女性は必ずその気になります。

このようにすることで、どんな変化が起こるかというと、まず女性の中で優越感が生まれ、次に妄想が生まれ、ありもしない相手の感情をどう弄(もてあそ)ぶかを考え始めます。

人間は面白いもので、**自分が有利だと思うと、途端に余裕を見せるようになります**。特にこういうタイプの女性は、まるで自分が女王さまにでもなったかのように振る舞います。

ここまでくると、女性が権力のある相手に妙になれなれしい態度を取りだします。相手は何のことかわからず、この女性がなぜこんなになれなれしいのかと、ただ訝(いぶか)しみ、最終的には他の部署に移るように人事部に打診したりするでしょう。

この光景はとても滑稽で、妄想を抱いた女性のやることなすことが全て裏目に出てしまい、あとは恥ずかしさと自尊心の欠落を招くことになるでしょう。

87 ろくでなしの夫を更生させる

浮気性、ギャンブル中毒、アルコール中毒など、全く家族を顧みず、好き放題やる夫というのはいつだっているものです。そんな人を懲らしめるための悪魔のテクニックを一つ。

アメリカの心理学者マタラッツオによるうなずきについての研究があり、面接の中で、面接官がさかんにうなずくグループとうなずく回数を増やさないグループとに分け、被験者の反応をテストしてみたのです。すると、たくさんうなずいたほうのグループでは被験者たちの発言が増えたのに対し、もう一方のグループでは変化は見られませんでした。

この実験でわかるように、うなずきは発言を促します。逆に、**相手の調子を上げさせないようにするためには、うなずきをなくせばいい**のです。

これは「無言のテクニック」といい、相手に恐怖心を与えたい、相手よりも強い人間であると見せつけたいときに使えます。**無表情でうなずきもせず、無言で聞いているだけで、相手は妙な恐れを抱く**ようになります。

ろくでなしの夫が帰ってきたら、最低限の言葉だけ交わすようにしてください。「あのお酒はどこにある？」と聞かれれば、無表情で答えてください。「今日の夜は友達と飲んでくる」と言われれば、「そうですか」と無表情で答え、パチンコに行くときに「今日こそは勝つよ」と言われたら、無表情で「そうですか」と答えてください。あなたが何も言わないので、最初は喜び勇んで遊びに行く夫ですが、だんだんあなたの反応のしかたが気になってくるはずです。

「最近どうしたの？」なんて聞いてきたら、そこで初めてあなたの考えを示してください。

ただ、これはあくまで罪悪感がある人間にのみ通じることです。

88 セクハラ上司やセクハラ客を一瞬で黙らせる

近年、しばしばニュースでも取り上げられるようになった各種ハラスメントですが、減少するどころか、逆に増えている傾向にあるのはなんとも悲しいことです。しかし、実は増えているのではなく、潜在化していたものが明るみに出て、顕在化しただけなのです。

このようなハラスメントは以前からありました。それこそ人間が文明を持ったときから始まっていますので、今後もなくなることはないでしょう。

とはいっても、とくに女性にとってこの問題は深刻です。人によってはトラウマになってしまうこともしばしばです。

このようなセクハラ上司や客の心理をまず知る必要があります。彼らの中にあるのは権力による支配思考です。

つまり、自分には権力があり、目の前の人間は自分に逆らえないのだと感じることで、心の中のサディストが顔を出し、相手に触ったりと、強引な態度を取るようになります。このサディストというものは、マゾ気質の人間を見ると内心興奮しますが、同じサディスト気質の人間は受け付けません。

SMクラブというものがありますが、そこではまさにマゾの男性とサディストの女王でバランスが成り立っているわけです。

しかし、サディストに対してサドの態度を取ると途端に機嫌が悪くなったり、引いたりするのです。セクハラ上司やセクハラ客には、この心理をうまく利用しましょう。

異性に触られたとき、「ちょっとやめてください」なんて声を出すのは、逆に相手を刺激してしまいます。こういうときは**相手の触ってきた手を思いっきり叩く**のです。もちろん無言で結構。そこは顧客であろうと遠慮なく思いっきり叩いてください。

こうして叩かれたサディスト人間は、母親に叱られたり、殴られたりした幼少のときを思い出します。そして一気に罪悪感を抱くわけです。

痴漢も同じです、思いっきり叩いてください。そうすれば二度と触られることはないでしょう。

89 自慢だらけの人間のプライドをゼロにする

こちらが聞いてもいないのに、自分の栄光を持ち出してくる人間はいるものです。本人はいたって気持ちよく話しているのですが、聞いているほうはハッキリ言って迷惑以外の何物でもありません。そういった人間に対しては、ゆっくり話を聞いてあげましょう。ただし、相手の自尊心をズタズタにする方向で。

ここでは、「イエス・バット法」を使います。

例えば、相手が自慢話を始めたとします。

ある人が「俺は昔、柔道の県大会で優勝したんだぜ」と言ったとします。あなたはすかさず「へぇ、それはすごいね。でも、全国大会には出てないの？」と言います。

「私、英語ペラペラなんだ」と言われたら、「へぇ、すごいね。でも、世界を見渡したら何カ国語も話せる人がいるよね」と言うわけです。

イエス・バット法はセールスでもよく使われているテクニックですが、セールスの場合は反論を表に出さず、相手の言った言葉を容認しているので、相手は自分の意見が受け入れられたと勘違いするわけです。

ですが、ここでは逆に反論をわざと表に出します。

ポイントは、**相手の言った自慢話が実は全く大したことではないと感じさせるこ**とです。

すると、相手は今までと全く違う感覚を覚えます。まるで自分が投げたボールが返ってこないという感じでしょうか。

打っても響かないし、叩いても返ってこないという感覚を覚えると、相手は自分の話していることが空しくなります。そして、このテクニックの**最大の利点は、相手の自尊心をズタズタにできるところ**なのです。

これは刑事が容疑者を追い詰めるときに使うテクニックでもあり、例えば反省をしていない犯人が自慢げに自分の犯罪を語るようなサイコパスの場合は、このテクニックによって犯人がしたことは全く大したことではないと悟らせ、精神的に追い詰め、自供を取り付けるのです。

これは、アメリカの市警ではよく使われている手法です。

90 「あいまいな言葉」で相手を混乱させる

あいまいさを駆使して相手をとりこむのが偽占い師や偽霊能力者で、彼らが常に使用するのが前述した「コールドリーディング」と呼ばれるものです。

「何か人間関係で悩みがありますね。隠さなくても大丈夫です。私には顔を見れば全てがわかる力があるのです」

もし、私が突然こんな風にあなたに語りかけたらどう思いますか？

よく考えれば誰にでも当てはまる言葉であり、この世界で人間関係に悩みのない人なんていないわけですが、こうした**あいまいな言葉を投げかけられると、人間は無意識のうちにその言葉と関連する事柄を探そうとする**のです。職場なら上司や部下との関係、プライベートなら恋人、伴侶、もしくは子供との関係に関連づけをするのです。

こうしたコールドリーディングを活用して、気に入らない相手を混乱させてしまいましょう。

気に入らない相手が職場にいて、例えば相手が何かのプレゼン直後、うかない顔で会社の廊下を歩いていたとします。

ここで、「なんか今回のプレゼン、大変だったんだね」と言ったとします。

何が大変だったのかは、実はわからないのですが、もしかするとプレゼンの結果が良くなかったのか、それとも自分にミスがあったのか、はたまたもしかすると自分のプレゼン能力がないのかと、言われたほうはいろいろなことが頭をよぎるわけです。こうした心理状況を作り出すのには、一言で十分なのです。

世の中の儲かる占い師の占いを見ていくと、こうしたコールドリーディング能力が非常に高く、それに断言力が加わるため、人はコロッとだまされ、あいまいな言葉であるにもかかわらず、占い師が全て自分のことを見通していると勘違いするのです。

コラム いじめやDVから逃れるスーパー心理術

ここで紹介する内容は、非常に危険なテクニックになりますので、知識として知っておくだけに留めてください。

いじめやDVという環境から逃げることが物理的に不可能な場合、自分で意識的に別人格を作ることで楽になれることがあります。**意識しながら恐怖心と痛みを感じ、そしてその感覚を自分が感じているのではなく、違う人が感じているのだと想像する**――すると、ある時点で痛みを感じなくなり、恐怖心も嘘のように消えていく瞬間が生まれます。別人格誕生の瞬間です。

これはアメリカやロシア、イギリスなどの諜報員が身に付けているテクニックで、敵に捕まり、拷問されるときに使用する心理術です。

しかし、一般の人が使うにはリスクが高すぎます。別人格が出来上がり、解離性同一性障害や統合失調症という病を背負っていくことになるからです。

いじめやDVで悩んでいる人は、一人で悩みを抱えることなく、信頼できる人や公共機関、医療機関にまず相談しましょう。

おわりに

「人を呪わば穴二つ」といいますが、呪いは一種の心理術だということを、本書を完読されているのであれば、すでにご理解いただいているはずです。

しかし、この言葉に隠されている意味をよく理解して欲しいのですが、呪いも心理術も同じものであるならば、心理術を使うことで、その結果は必ずあなたに返ってくるのです。

つまり、良い方向に心理術を使えば良い結果があなたの身に起こり、悪い方向に使えば悪い結果があなたの身に起こるのです。非常に単純明快なロジックですので、本書で解説されているテクニックの数々をご使用の際は、くれぐれもこうしたことを忘れないようにしてください。

☆　☆　☆

最後になりますが、今回の出版にあたり、様々な方々にご配慮、ご尽力を賜りました。マネージャーの池田かおる氏の努力がなければ、この本を出すキッカケはなかったでしょう。一般社団法人日本マインドリーディング協会の理事、山田稔氏、岸正龍氏、ライヴ氏。協会の認定講師である古田朋美氏、河村有利氏、下垣直哉氏、大嶋一平氏。私の直弟子である大久保雅士氏、遠塚慎吾氏、竹内かずひろ氏、中村洋介氏、平尾諒氏、柳知明氏、沖田一希氏、清水慎司氏、北尾俊氏、石田良平氏、河原達氏、秋元たかし氏、山本笑璃氏の皆様からは多くの心理術のフィードバックを寄せていただきました。書籍の担当をしていただいたPHP研究所の乾直樹氏には心より感謝申しあげます。そして最後に、いつもそばにいて見守ってくれていた妻にありがとうの言葉を送りたいと思います。

感謝を込めて

著者

著者紹介
ロミオ・ロドリゲス・Jr.
1972年香港生まれ。メンタリスト。幼いころよりイギリス、カナダ、日本とさまざまな国々で生活し、4カ国語を操る。相手の心を読み、暗示をかけ、操作するエンターテイメント「メンタルマジック」を日本に確立させた第一人者。日本テレビ、テレビ朝日、関西テレビなど多くのテレビ出演を果たす。
2009年香港に渡り、経営、マネージメント、ビジネスのゲーム性の面白さに心奪われ、得意とする心理術との共通点に気づき、独自のビジネス心理方法論を作り上げる。2010年には香港大学の専修科でメンタリズムの講師として抜擢され、本講義は受講生が教室に殺到する人気授業となって話題を集める。香港大富豪や芸能人、著名人など多くのVIPクライアントを持つ。
現在は「ザ・スーパーメンタリズム・エンターテイメント」を主催し、各地で超心理術エンターテイメントショーを展開。一方、独自のビジネス心理方法論を元にしたセミナーを開催し、サービスや接客業のビジネス現場でいかにお客様の心を読むかを指導。特に、企業向けの「マインドアーツ～心の技術」セミナーは好評を博している。インターネット事業でも多方面にビジネスを展開し、メンタリスト養成のオンラインスクール「SIMS」や心理術のコンテンツ販売などを手掛けている。2015年、「一般社団法人日本マインドリーディング協会」を立ち上げるなど、マインドリーディングの発展のため、さらに活動の幅を広げている。

本文イラスト：常岡あかね

本書は、2016年５月にＰＨＰ研究所より刊行された『他人が必ず、あなたに従(したが)う黒すぎる心理術』を改題し、加筆・修正を加えたものである。

ＰＨＰ文庫　他人が必ず、あなたに従う
黒すぎる心理術

2020年３月26日　第１版第１刷

著　者　ロミオ・ロドリゲス・Jr.
発行者　後藤淳一
発行所　株式会社ＰＨＰ研究所
東京本部　〒135-8137　江東区豊洲5-6-52
ＰＨＰ文庫出版部　☎03-3520-9617（編集）
普及部　☎03-3520-9630（販売）
京都本部　〒601-8411　京都市南区西九条北ノ内町11

PHP INTERFACE　https://www.php.co.jp/

組　版　株式会社PHPエディターズ・グループ
印刷所
製本所　図書印刷株式会社

 ISBN978-4-569-90011-7